OBST, GEMÜSE UND CO.

# WISSEN

*häppchenweise*

Markus Metka

# OBST, GEMÜSE UND CO.

# WISSEN

*häppchenweise*

## Herbst & Winter

# Vorwort

> **Eure Nahrungsmittel sollen eure Heilmittel und eure Heilmittel sollen eure Nahrungsmittel sein.** *Oder kurz:* **Lass Nahrung deine Medizin sein.**

Hippokrates 460–370 v. Chr.

Bereits Hippokrates, der Gründungsvater der abendländischen Medizin, sah seine Hauptaufgabe darin, durch richtige Ernährung die Körperkraft zu erhalten und zu stärken.

Diese Erkenntnis wurde und wird durch zahlreiche wissenschaftliche biologische und medizinische Einsichten bestätigt. Denn mindestens die Hälfte aller Krebserkrankungen sowie auch ein Großteil der Erkrankungen im Alter, wie Alzheimer, Osteoporose und vor allem Diabetes, werden durch falsche Ernährung verursacht. Die Zahl an Zuckerkranken hat sich in den letzten 40 Jahren sogar vervierfacht.

Aber wie sieht nun richtige Ernährung aus? Aus der Unzahl an Leitsätzen möchte ich Ihnen die wichtigsten drei ans Herz legen: 1) Reduktion von Zucker, 2) Vermeidung von Transfetten und 3) der Konsum von Obst oder Gemüse. Laut aktueller Studien wirkt sich Obst und Gemüse (mindestens 3-Mal täglich) positiv auf unsere Gesundheit aus. Ein optimaler Effekt wurde mit Mengen von 375 bis 500 Gramm angegeben. Diese Ergebnisse stammen aus der weltweiten PURE-Studie, an der 135.000 Personen im Alter zwischen 35 und 70 Jahren teilgenommen haben.

Und die Stars, anders gesprochen, die Superfoods der gesunden Ernährung sind vorrangig pflanzlicher Natur: also Gemüse, Obst und Kräuter. Das Zitat „Eat food. Not too much. Mostly plants" von Michael Pollan trifft es hier genau.

Im vorliegenden zweiten Band erhalten Sie wieder alle notwendigen sowie animierenden Informationen historischer, medizinischer und auch kulinarischer Natur, um diese Superfoods möglichst häufig bewusst in Ihre Ernährung einzubauen.

Mit unserer Nahrung können wir uns nun zum einen medizinisch, pharmakologisch und präventivmedizinisch etwas Gutes tun, aber zum anderen auch einen erfolgreichen Beitrag zu Anti-Aging leisten. Denn nicht nur die Gesundheit kommt von innen, sondern auch die Schönheit. Vieles spricht dafür, dass nichts, auch keine noch so teure Salbe, eine so große Wirkung auf unsere Haut hat wie die richtige Ernährung. Und wer will nicht 10 Jahre jünger aussehen? „Lass Nahrung dein Kosmetikum sein" – ein erweitertes Zitat!

Ein wichtiger Punkt ist und bleibt bei allem Wissen die Auswahl der „richtigen" Lebensmittel, die wir als „Essende" treffen müssen und können. Denn gehäuft werden uns von der Industrie neuartige Nahrungsmittel aufgetischt, die die Bezeichnung „Lebensmittel" kaum noch verdienen. Bis zu 70% der heute angebotenen Nahrungsmittel bestehen aus industriell verarbeiteten Produkten. Deshalb achten Sie darauf, was Sie konsumieren.

In diesem Sinne wünsche ich Ihnen viel Vergnügen beim Schmökern – auf dass Sie mehr Lust auf gesunde Ernährung, mehr Freude an der Vielfalt und der Natürlichkeit der Lebensmittel und somit eine gesunde Distanz zu den industriell-raffiniert verarbeiteten Mixturen aus verschiedenen Nahrungsmittelbestandteilen, Aromastoffen etc. bekommen.
Auch der Band 2 ist letztlich ein Bekenntnis zur klaren, unverfälschten, natürlichen Ernährung, die uns letztlich den höchsten Genuss, aber auch den höchsten Gesundheitswert garantieren.

Wien, im Juni 2018                                         Ihr Markus Metka

# I *wie...* INHALT

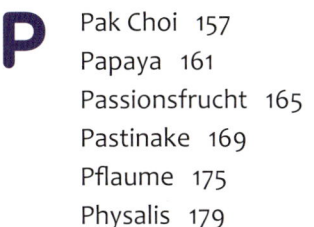

### Lassen Sie sich entführen …

… und tauchen Sie ein in die spannende Welt von Obst, Gemüse und Co. Fakten und deren Hintergründe aus der großen Welt des Wissens werden Sie begeistern: von der Herkunft über historische Anekdoten zu gesundheitlich wertvollen Inhaltsstoffen bis hin zu verschiedenen Anwendungsmöglichkeiten sowie passenden Rezepten. Die Wirkung auf uns und unseren Körper wird ebenso erläutert wie z.B. die Kernanzahl des perfekten Granatapfels. Sie erfahren nicht nur, welches Gemüse wann Saison hat, sondern auch mehr über die wahren Erfinder der Marmelade (Konfitüre), über dressierte Affen als Erntehelfer oder darüber, welch außergewöhnliche Farbstoffe sich in so manchem Obst finden lassen. Wussten Sie zum Beispiel, mit welchem Trick König Friedrich II. die Kartoffel beim Volk interessant gemacht hat, was der Holunderbaum mit Frau Holle zu tun hat, dass die Muskatnuss für zahlreiche Kriege verantwortlich war oder kennen Sie die erstaunlichen Mythen zur Herkunft von Zimt?

Ein Buch **für alle Genusshungrigen,** die Spaß am Essen und Interesse an Wissen haben oder einfach mehr über die gesunde Wirkung von A wie Ananas bis Z wie Zwiebel wissen möchten.

### … der Keim

Essen gilt als neuer Hype, als die neue Religion der westlichen Welt. Köche fungieren als Publikumsmagneten in den Medien, Kochsendungen erzielen enorme Einschaltquoten und Kochen selbst ist das neue Trendhobby. Hat vor 20 Jahren noch kaum jemand außerhalb der gewohnten Essenszeit Interesse an Food & Co. gezeigt, so füllen heute unzählige Blogs das Netz. Weltweit finden Foodfestivals statt. Begeisterte Anhänger, sogenannte Foodies, tauschen sich aus und es wird medienwirksam darüber berichtet. Auch die richtige Auswahl von Lebensmitteln sowie deren Wirkung auf unsere Gesundheit sind topaktuelle Themen. Dass unsere Nahrung bzw. unsere Ernährung die Grundlage für ein langes Leben ist, gilt bereits als erwiesen und wird durch zahlreiche wissenschaftliche Studien untermauert. Im Umfeld dieser erleben unzählige Lebensmittel aus Großmutters Zeiten ein Revival (z.B. die Pastinake) und Begriffe wie „saisonal" und „regional" gewinnen trotz Globalisierung wieder an Bedeutung.

Unsere Lebensmittel machen aber nicht ausschließlich satt, ihr Inhalt versorgt uns auch mit wichtigen Baustoffen und Vitaminen. Diese können z.B. helfen, uns und unseren Körper zu regenerieren, sie können positiv auf unsere Psyche wirken oder im Haushalt bzw. im Alltag als nützliche Hilfsmittel dienen.

All dieses Wissen und noch vieles mehr haben wir für Sie zusammengetragen und anschaulich und pointiert aufbereitet – hübsch verpackt und schnell erfassbar – zum Nachlesen, aber auch für ein genussvolles „Schmökern" zwischendurch.

**Eure Nahrungsmittel sollen eure Heilmittel sein und eure Heilmittel sollen eure Nahrungsmittel sein.**

Hippokrates

*… vom Keim zur Frucht und damit zum Genuss*

**Eat food. Not too much. Mostly plants.**

Michael Pollan

Der amerikanische **Food-Philosoph Michael Pollan** ist Autor, Aktivist, Journalist und Professor an der Berkeley Graduate School of Journalism der University of California. Sein Wissen und seine Recherchen füllen unzählige Bücher und bieten Stoff für zahlreiche Fernsehshows. Das angeführte Zitat hat uns geholfen, eine Auswahl zu treffen, denn der Sektor Obst, Gemüse und Co. ist kaum in seiner vollen Vielfalt zu erfassen. Wir haben für Sie jene Sorten zusammengestellt, die im Handel leicht zu finden und auch in Hinblick auf Ihre Gesundheit interessant sind. Und da niemand über Erdbeeren lesen möchte, wenn es draußen schneit, bzw. die Früchte, die Sie außerhalb der Saison bekommen, nur eine optische Täuschung ohne Geschmack darstellen, haben wir eine saisonale Aufteilung in zwei Bände vorgenommen:

*Frühjahr & Sommer* (Monate März bis August; bereits erschienen) und
*Herbst & Winter* (Monate September bis Februar).

Die regionalen Produkte nehmen dabei eine zentrale Rolle ein. Sie sind mit einem Hinweis auf die heimische Erntezeit versehen. Diese bezieht sich immer auf die Ernte im Freiland, egal ob es sich nun um Produkte aus dem Handel oder aus dem eigenen Garten handelt (Glashausprodukte sind hier nicht berücksichtigt).
Ergänzt werden diese heimischen Lebensmittel durch einige Importprodukte, die zum einen aus unserem Speiseplan nicht mehr wegzudenken und zum anderen ganzjährig erhältlich sind (wie z.B. Orangen oder Mangos).
Wir bedauern, dass nicht alle Sorten im Buch Platz gefunden haben.

Viele der angeführten Produkte haben eine Jahrhunderte bis Jahrtausende alte Tradition, andere wurden erst im letzten Jahrzehnt wiederentdeckt.

> **Sage mir, was du ißt, und ich sage dir, wer du bist.**
>
> Jean Anthelme Brillat-Savarin

*... die Besonderheiten*
In unserer schnelllebigen Zeit ist das rasche Auffinden von Information essenziell. Um Zeit einzusparen, bevorzugen wir in vielen Belangen die komprimierte Form, denn so lässt sich Wissen schnell und präzise vermitteln, ohne dass Langeweile aufkommt. Die Aufbereitung in Häppchen liegt somit voll im Trend und ermöglicht Ihnen ein kurzweiliges Vergnügen.

Die Lebensmittel sind der Einfachkeit halber alphabetisch geordnet.

Sie finden pro Produkt Informationen aus unterschiedlichen Kategorien:

- **Wissen zur und über die Pflanze:** verschiedene Bezeichnungen, Herkunft, Erntezeit, Produktion, Vielfalt u.Ä. → **W**

- **Historisches:** Geschichten aus den letzten Jahrhunderten bzw. Jahrtausenden sowie von den z.T. langen Reisen der einzelnen Nahrungsmittel in unsere Breiten → **H**

- **Gesundheit:** Inhaltsstoffe und deren Wirkung auf unseren Körper sowie unsere Gesundheit (unter „... das kann ich") sowie herausragende Eigenschaften aus dem medizinischen Umfeld → **G**

- **Kurioses und Spannendes** quer durchs Beet, von der Lagerung bis hin zu Tipps, etwa für eine Verwendung auch außerhalb des Kochtopfs → **I**

Den Abschluss bildet teilweise ein Rezept, bei dem das genannte Produkt die Hauptkomponente darstellt bzw. der Farb- oder Geschmacksgeber ist.

Im Anhang finden Sie **Saisonkalender** zu Obst und Gemüse (damit der regionale Einkauf auch wirklich gelingt) sowie aktuelle Forschungsergebnisse zu Nährstoffgehalt und Qualitätsunterschieden (Bioprodukt vs. Importprodukt aus dem Großhandel). Tipps für den richtigen Einkauf runden das Werk ab.

Wir wünschen Ihnen viel Spaß beim Genuss dieser Lektüre.
Frei nach dem Motto

> **Du bist, was du isst.** (nach Ludwig Feuerbach)
> **Also sei nicht schnell, billig oder ein Imitat.**

**A** *wie ...*

# ANANAS

*Ananas comosus, Ananas sativus, Hawaii-Ananas*

 Anders als man vielleicht vermuten würde, wächst die Ananas nicht auf Bäumen, sondern bodennah auf krautigen Pflanzen. Die Ananas gehört zur Familie der **Bromeliengewächse.**

Die Ananas stammt ursprünglich aus Mittel- und Südamerika. Heute wird sie weltweit in den tropischen und subtropischen Gebieten kultiviert. **Hauptanbauländer** sind Costa Rica, Brasilien, Thailand und die Philippinen.

Es gibt über 100 **Ananassorten.** Nur wenige Sorten sind jedoch für den Welthandel von Bedeutung. Am wichtigsten sind die Ananas der Cayenne-Gruppe.

 Wahrscheinlich wurde die Ananas bereits um 2000 v. Chr. von den **Völkern des Amazonas** gegessen. Man geht auch davon aus, dass die Frucht bereits damals in weiten Teilen Südamerikas und in Mexiko verbreitet war. Aus den Früchten der Ananas wurde damals Wein hergestellt, die faserigen Blätter wurden zu Kleidung und Bogensehnen verarbeitet.

Nach Europa wurde die Ananas durch **Christoph Kolumbus** von seiner zweiten Reise mitgebracht. Auf Guadeloupe soll er sie 1493 als Gastgeschenk erhalten haben.

Bis Ende des **16. Jahrhunderts** wurde die Ananas in den meisten tropischen Gebieten der Welt kultiviert. Die Portugiesen brachten sie etwa nach Indien und an die ost- und westafrikanischen Küsten. Die rasche Verbreitung des Ananas-Anbaus lässt sich dadurch erklären, dass die Pflanzen sehr widerstandsfähig sind und auch weite Seestrecken unbeschadet überstanden.

Ein Seehandel mit den Früchten konnte sich jedoch lange Zeit nicht etablieren, da diese rasch verdarben. Die erste Ananas, die Großbritannien erreichte, soll 1661 an König Karl II. übergeben worden sein. Man versuchte auch, die Ananas in sehr kostenintensiven beheizbaren Gewächshäusern zu ziehen. Dementsprechend waren die süßen Früchte in **Mittel- und Nordeuropa** eine Besonderheit. Sie blieben bis ins 18. Jahrhundert ein Statussymbol und zeigten auf Festtafeln den Reichtum des Gastgebers.

**G**

## ... *das kann ich*

- stärke das Immunsystem (→ Vitamin C)
- bin ein Schlankmacher (→ Bromelain)
- sorge für schöne Haut
- reguliere den Säure-Basen-Haushalt
- wirke stimmungsaufhellend (→ Vanillin)

Ananassaft ist ein bewährtes Hausmittel bei Fieber und Erkältungskrankheiten. Grund dafür ist der hohe Gehalt an **Vitamin C,** den die Frucht aufweisen kann. Das Vitamin stärkt nämlich das Immunsystem.

Besonders hervorzuheben ist der hohe **Bromelain**-Gehalt der Ananas. Dabei handelt es sich um ein Verdauungsenzym, das Eiweiß spaltet. Durch den Abbau von Ablagerungen an den Gefäßwänden helfen die Enzyme der Ananas dabei, Arterienverkalkung vorzubeugen.

Bromelain ist aber auch dafür verantwortlich, dass die Ananas die Verdauung und die Fettverbrennung optimal unterstützt und deshalb als Schlankmacher gilt.

Auch unserer Haut tut die Ananas Gutes. **Pigment- und Altersflecken** können durch aufgetragenen Ananassaft aufgehellt werden. Die Enzyme der Ananas können außerdem abgestorbene Hautschuppen auflösen und so die Zellerneuerung anregen.

Zudem kann eine Gesichtsmaske aus dem Fruchtfleisch gegen Falten und trockene Haut angewendet werden. Diese positiven Wirkungen der Ananas auf die Haut macht sich auch die Kosmetikindustrie zunutze.

Auch wenn ihr säuerlicher Geschmack es nicht vermuten lässt: die Ananas ist aufgrund ihrer vielen Mineralstoffe eine sehr basische Frucht, die dabei helfen kann, unseren Säure-Basen-Haushalt zu regulieren, und unseren Stoffwechsel bei der **Entsäuerung** unterstützt. In der Ananas sind mit Magnesium, Kalzium, Kalium, Eisen, Mangan, Kupfer und Zink nämlich zahlreiche Spurenelemente und Mineralien vorhanden.

Die Ananas gilt weiters als stimmungsaufhellend. Verantwortlich dafür sind nicht nur die basischen Mineralien, sondern auch das **Vanillin,** dem eine anregende, erotisierende und euphorisierende Wirkung zugeschrieben wird.

In der **Naturheilkunde** wird die Ananas seit Jahrtausenden bei Blasenbeschwerden, Nierensteinen, Nierenentzündungen, Scharlach, Skorbut, Halsschmerzen und Venenerkrankungen eingesetzt.

Die **deutsche Bezeichnung** Ananas leitet sich vom indianischen *nana meant* ab, was „köstliche Frucht" bedeutet. Der spanische Name *piña* kommt daher, dass die Frucht eine Ähnlichkeit mit Pinienzapfen hat. Daher stammt auch der englischsprachige Ausdruck *pineapple*.

Im Sport nennt man ein Spiel zwischen zwei Mannschaften, dessen Ausgang für die Endwertung einer Meisterschaft oder eines Turniers nicht mehr entscheidend ist, weil der Endsieger schon feststeht, ein **„Spiel um die goldene Ananas".**

Dass die Ananas reif ist, erkennt man daran, dass sich die inneren Blätter des Fruchtstiels leicht herauslösen lassen. Außerdem duften reife Früchte herrlich süß. Möchte man die **Reifung** der Ananas beschleunigen, muss man sie kopfüber lagern.

Die **australische Redewendung** „to get the rough end of the pineaple", also „das falsche Ende der Ananas bekommen", bedeutet, einen schlechten Handel abzuschließen.

A wie ...

# APFEL

*Malus, Paradiesfrucht*

Äpfel sind **Kernobstgewächse** und gehören zur Familie der Rosengewächse.

**Hauptproduktionsländer** sind China, gefolgt von den USA, der Türkei und Italien.

Der jährliche **Pro-Kopf-Konsum** der Deutschen beträgt etwa 25 Kilogramm.

Der Apfel ist jenes Obst, das weltweit am häufigsten kultiviert wird. In Mitteleuropa gibt es rund 1.500 verschiedene **Apfelsorten.** Davon sind jedoch nur 60 wirtschaftlich relevant. Prinzipiell werden Äpfel in Zieräpfel und Kulturäpfel unterteilt. Vor allem in Ostasien werden Zieräpfel häufig angepflanzt. Sie sind kleiner als die Kulturäpfel und nicht genießbar, wenn auch nicht giftig.
Kulturäpfel werden in **Sommer-, Herbst-** und **Wintersorten** unterteilt.

Daneben gibt es auch noch die Einteilung in **Tafeläpfel** und **Wirtschafts-äpfel.** Während erstere für den Einzelhandel produziert werden und daher auf bestimmte Eigenschaften wie Lagerbarkeit und Konsistenz optimiert sind, dienen Wirtschaftsäpfel zur Verarbeitung in Säfte, Most und Kochobst.

Mit den **Granatäpfeln** sind Äpfel trotz des ähnlichen Namens nicht verwandt.

Man weiß, dass bereits die **Kelten und Germanen** Äpfel nutzten. Die damaligen Früchte waren vermutlich noch sehr klein und hart. Daher wurden sie zu Mus gekocht oder zu Saft verarbeitet. Außerdem wurden sie gemeinsam mit Honig zu Met vergoren. Bei den Kelten war der Apfel das Symbol für Tod und Wiedergeburt, während er bei den Germanen die Unsterblichkeit symbolisierte.

Der Borsdorfer Apfel ist vermutlich die **älteste dokumentierte Sorte** des Kulturapfels. Sie wurde 1170 von Mönchen beschrieben.

Da Äpfel bis in den November geerntet werden können und auch lange lagerbar sind, fehlten sie über Jahrhunderte hinweg in keinem **Bauerngarten.**

Von Beginn der Industrialisierung bis Anfang des 20. Jahrhunderts wurde Obstbau und auch die **Züchtung neuer Obstsorten** politisch gefördert, um die wachsende Bevölkerung in den Städten mit Früchten zu versorgen. Um 1880 gab es allein in Preußen über 2.300 Apfelsorten, also noch wesentlich mehr als heute.

## ... *das kann ich*

- wirke antioxidativ und entzündungshemmend
- schütze Lunge und Leber
- stärke die Darmflora (→ Pektin)
- beuge Demenzerkrankungen vor

Auch bei den Äpfeln ist ein Großteil der gesundheitlichen Wirkung auf ihre **sekundären Pflanzenstoffe** zurückzuführen. Unter anderem enthalten sie die antioxidativ wirksamen und entzündungshemmenden Stoffe Quercetin, Kaempferol und Hesperitin. Sie senken das Risiko für Herz-Kreislauf-Erkrankungen, Krebs und Diabetes.

Durch ihren hohen Flavonoid-Gehalt stärken Äpfel auch die Lunge. Damit beugen sie Lungenerkrankungen wie Asthma vor. Man vermutet, dass für diese Wirkung hauptsächlich der sekundäre Pflanzenstoff Quercetin verantwortlich ist, der in Äpfeln in besonders hoher Konzentration enthalten ist.

Die **Leber** schützen die heimischen Früchte durch die enthaltenen Polyphenole. Vor allem naturtrüber Apfelsaft schützt vor lebertoxischen Chemikalien.

Äpfel unterstützen durch ihren hohen Pektingehalt außerdem die Darmflora und können das Abnehmen erleichtern. **Pektin** ist ein Ballaststoff, der sehr viel Wasser aufnehmen kann und dadurch Gift- und Schadstoffe im Darm bindet.

Auch für das Gehirn sind Äpfel und Apfelsaft durchaus zu empfehlen, denn Äpfel hemmen die Bildung von Ablagerungen im Gehirn, die mit **Demenzerkrankungen** einhergehen.

**Vorsicht:** Äpfel enthalten viel Fruktose und sollten daher nur in Maßen genossen werden. Dies gilt auch für Apfelsaft (1 l = 10 Äpfel).

Es muss jedoch betont werden, dass alte Apfelsorten wesentlich **mehr gesunde Inhaltsstoffe** beinhalten. Moderne Apfelsorten, die für den Massenkonsum kultiviert werden, bilden weniger Selbstschutz in Form von sekundären Pflanzenstoffen aus, weil sie ohnehin mehrmals im Jahr gegen Insekten und Mikroorganismen gespritzt werden.

 Unter „alten Apfelsorten" versteht man Sorten, die noch vor 1940 entstanden sind. Von wirtschaftlicher Bedeutung sind sie heute nicht mehr, finden sich aber noch in so manchem Garten.

Mittlerweile gibt es sogenannte **„Markenäpfel".** Man bezeichnet sie auch als Clubsorten. Sie sind lizensiert und dürfen deshalb nicht ohne Weiteres angebaut und verkauft werden. „Pink Lady" ist eine bekannte Sorte dieser modernen Markenäpfel.

Je früher Äpfel geerntet werden, desto länger kann man sie auch **lagern.** Die Umgebung sollte dabei kühl und dunkel sein und eine hohe Luftfeuchtigkeit haben. Ein Keller eignet sich also bestens.

Da Äpfel leicht Fremdgerüche annehmen, sollte man sie nicht neben anderem Obst oder Gemüse lagern, da dies ihr eigenes Aroma verfälscht.

Äpfel zählen zu den **klimakterischen Früchten.** Sie reifen nach der Ernte noch nach. Dabei geben sie das Reifungsgas Ethylen ab. Dieses lässt anderes Obst und Gemüse rascher reifen bzw. auch schneller verderben.

70% der **wertvollen Inhaltsstoffe** des Apfels befinden sich in und dicht unter seiner Schale. Deshalb sollten Äpfel unbedingt mit Schale verzehrt werden. Auf der Schale befinden sich jedoch häufig Rückstände von Pflanzenschutzmitteln, weshalb Äpfel vor ihrem Verzehr gründlich gewaschen werden sollten. Am besten löst Backnatron die Schadstoffe aus den Apfelschalen.

In Deutschland existieren sage und schreibe 450 Firmen, die **Apfelsaft** erzeugen. Weil der Anbau säurearmer Sorten wirtschaftlich rentabler ist, Apfelsaft aber eine gewisse Säure benötigt, wird den meisten Säften Ascorbinsäure zugesetzt. Der jährliche Pro-Kopf-Verbrauch liegt bei 11,7 Litern und schlägt damit sogar den Orangensaft mit 9,8 Litern.

Äpfel enthalten viel Pektin und sind deshalb ideal **zum Einkochen** geeignet, denn Pektin wirkt als natürliches Geliermittel. Äpfel werden deshalb auch beigefügt, um andere Früchte einzukochen.

In unserer Kultur hat der Apfel diverse **symbolische Bedeutungen.** Er gilt als Frucht der Liebe, aber auch der Fruchtbarkeit und der Versuchung. Für letzteres ist natürlich ganz stark die biblische Geschichte von Adam und Eva verantwortlich, in der Adam von Eva dazu verführt wird, die Frucht (den Apfel) vom Baum der Erkenntnis zu essen.

In der mitteleuropäischen Kultur finden wir den Apfel als Symbol für Macht etwa im Herrschaftszeichen des **Reichsapfels,** der jedoch nur den Namen der Frucht trägt, eigentlich aber eine Weltkugel mit Kreuz darstellt.

In der **griechischen Mythologie** hat der Apfel in Form des goldenen Apfels oder Zankapfels Bedeutung. Der Jüngling Paris wird auserwählt, die schönste Göttin – Hera, Aphrodite oder Athene – zu bestimmen. Weil Aphrodite dem Jüngling die Liebe Helenas, der schönsten Sterblichen, verspricht, kürt der trojanische Prinz Paris sie zur schönsten Göttin und überreicht ihr den goldenen Apfel. Es ist jedoch nicht geklärt, ob hier tatsächlich vom Apfel die Rede ist oder nicht etwa eher von der Quitte.

Äpfel sind hervorragende **Bienentrachtpflanzen** für die Honigerzeugung.

**Pomologie** ist die Obstbaumkunde, also die Lehre von den Obstsorten. Dass sie nach dem Apfel benannt ist, deutet bereits auf die herausragende Bedeutung dieser Frucht hin. Auf Französisch heißt der Apfel *pomme* und auf Italienisch *pomo*.

## Apfelmus

4 Portionen

| | |
|---|---|
| 1 kg | *säuerliche Äpfel (z.B. Braeburn oder Boskop)* |
| 80 ml | *Wasser* |
| 2 | *Vanilleschoten* |
| 4 EL | *Zucker* |
| 2 | *Zimtstangen* |
| 1 | *Zitrone (Saft)* |

Äpfel waschen, schälen, vierteln und das Kerngehäuse entfernen. Wasser in einem Topf mit den Vanilleschoten (Mark und Schote), Zucker und Zimtstangen zum Kochen bringen.
Die Äpfel in kleine Stücke schneiden, mit Zitronensaft beträufeln und 15 bis 20 min. auf niedriger Stufe köcheln, danach Vanilleschoten und Zimtstangen entfernen.
Abschließend mit einem Pürierstab zu Mus verarbeiten und warm oder kalt servieren.

# ARTISCHOCKE

*Cynara cardunculus, Cynara scolymus,*
*Artischoss, Erdschocke, Golddistel*

**Heimische Erntezeit:** August bis September

Die Artischocke ist eine **Staude,** die optisch der Distel ähnlich ist. Sie kann bis zu zwei Meter hoch werden und wächst im gemäßigten bis warmen Klima.

Artischocken zählen zum sogenannten **Blütengemüse.** Verzehrt werden die knospigen Blütenstände. Diese können mehrmals im Jahr geerntet werden.

Da die Pflanze frostempfindlich ist, wird sie vor allem **im Mittelmeerraum,** in Europa in erster Linie in Italien, Spanien und Frankreich angebaut.

Der Mittelmeerraum ist auch die **ursprüngliche Heimat** der Artischocke. Wandmalereien in Pharaonengräbern beweisen, dass die Pflanze bereits bei den alten Ägyptern als Nahrungsmittel und Medizin verwendet wurde. Auch die Griechen und Römer der Antike kannten die Pflanze. Bereits im 1. Jahrhundert dürfte sie im alten Rom kultiviert worden sein. Vom Mittelmeerraum wurde die Artischocke durch arabische Seeleute weiterverbreitet.

Ins restliche Europa gelangte die Artischocke erst **im 15. Jahrhundert.** Der florentinische Händler Filippo Strozzi brachte sie aus Sizilien mit. In der Folge gelangte die Pflanze auch nach Frankreich und Großbritannien. Lange Zeit war sie dort dem Adel vorbehalten, der sie in seinen Gärten auch als Zierpflanze kultivierte. Sie war also ein Zeichen von Reichtum. Gleichzeitig galt die Artischocke auch als Aphrodisiakum, weshalb sie zum Beispiel den Adelstöchtern verwehrt blieb.

## ... das kann ich

- reguliere den Cholesterinspiegel
- verbessere die Verdauung (→ Inulin)
- reguliere den Blutzuckerspiegel (→ Inulin)
- rege den Leber- und Gallenstoffwechsel an (→ Cynarin)
- wirke entgiftend

Artischocken haben vor allem für den Verdauungstrakt gesundheitsfördernde Eigenschaften. Sie wirken zum einen appetitanregend und verdauungsfördernd, zum anderen wirken sie positiv auf unseren **Cholesterinspiegel,** denn sie senken das schlechte LDL-Cholesterin und können das gute HDL-Cholesterin steigern.

Ein wichtiger Inhaltsstoff der Artischocke, der vor allem im Artischockenherz, also dem Inneren der Blütenknospe steckt, ist der präbiotische Ballaststoff **Inulin,** der als Nahrung für die guten Darmbakterien dient und dadurch für eine gesunde Darmflora sorgt. Dadurch verbessern Artischocken die Verdauung und beugen Verstopfung, Blähungen und Krämpfen vor.
Inulin reguliert zudem den Blutzuckerspiegel.

Charakteristisch für die Artischocke und für unsere Gesundheit sehr wertvoll ist weiters der Bitterstoff **Cynarin.** Er ist für die appetitanregende Wirkung der Artischocke verantwortlich, denn er regt den Leber- und Gallenstoffwechsel an. Dabei wird Cynarin außerdem von in der Artischocke enthaltenen Flavonoiden und Chinasäurederivaten unterstützt.
Durch diese Steigerung des Leberstoffwechsels können **Giftstoffe** besser aus dem Körper geleitet werden. Insofern bieten sich Artischocken auch als Snack bei Katerstimmung an, denn mit ihrer Hilfe kann der Körper Alkohol, der letztendlich ja auch ein Giftstoff ist, schneller loswerden (Leberentgiftung).

Darüber hinaus liefern Artischocken bei wenigen Kalorien mit Kalium, Magnesium, Folsäure, Vitamin C und B6, Eisen, Provitamin A und Vitamin B1 eine Menge an **wichtigen Vitalstoffen.**

Nicht nur die Artischockenblüten, also jene Teile der Pflanze, die als Gemüse gegessen werden, haben gesundheitsfördernde Wirkung. Aus den Artischockenblättern und -wurzeln wird **Artischockenextrakt** gewonnen, der mit dem Bitterstoff Cynarin als Hauptinhaltsstoff als traditionelles Heilmittel dient. Daneben werden die Blätter und Wurzeln auch getrocknet als Tee oder Trockenextrakt verwendet.

Frische Artischocken sind im Kühlschrank einige Tage **haltbar.** Daneben werden Artischocken auch gerne eingelegt verwendet. Besonders als Pizzabelag eignen sie sich in dieser Form.

Während frische Artischocken **roh** leicht bitter und süßlich schmecken, entwickeln sie erst durch das Garen ihren charakteristischen Geschmack.

Nur kleine, früh geerntete Artischockenblüten sind im Ganzen verzehrbar. Größere Artischocken bilden unter den Blättern Härchen aus, die als **„Heu"** bezeichnet werden. Sie sind nicht genießbar.

Der **Name** der Artischocke leitet sich über den in Norditalien verbreiteten Begriff *articiocco* vom Arabischen ab. Im Englischen hat sich volksetymologisch daraus *hartichoke* entwickelt, weshalb man lange dachte, das Artischockenherz (*heart*) wäre giftig und würde zum Erstickungstod (*choke*) führen.

Aufgrund der enthaltenen Bitterstoffe eignet sich der seit 1953 in Padua aus Artischocken und Kräutern hergestellte Likör Cynar hervorragend als **Digestif.**

Die selbsternannte Welthauptstadt der Artischocke ist der kleine kalifornische Ort Castroville. Dort findet jedes Jahr das Castroville Artichoke Festival statt. 1947 wurde **Marilyn Monroe** bei diesem Festival zur ersten kalifornischen Artischockenkönigin gewählt.

A wie...

# AVOCADO

*Persea americana, Alligatorbirne,
Butterfrucht, Butterbirne*

 Die Avocado gehört zur Familie der Lorbeergewächse. Anders als man vielleicht vermuten würde, ist die Frucht kein Gemüse, sondern Obst. Botanisch handelt es sich bei den Früchten um **Beeren.**

Avocados sind birnenförmig bis oval und haben eine ledrige, meist mittel- bis dunkelgrüne Außenschale. Daher kommt auch ihr Name **Alligatorbirne.** Avocados gibt es aber auch mit dunkelroter oder sogar schwarzer Schale. Das Fruchtfleisch ist grüngelb bis gelb, oxidiert aber rasch und wird bräunlich, sobald es mit Luft in Berührung kommt. Der etwa golfballgroße Kern umschließt einen zweigeteilten großen Samen.

Avocados fallen noch unreif, also hart und grün, vom Baum. Als **klimakterische Früchte** reifen sie nach. Für den Anbau bedeutet dies, dass sie unreif gepflückt werden und häufig auch noch unreif in den Handel kommen. Reif sind die Früchte dann, wenn die Schale auf leichten Druck hin nachgibt.

Es gibt weltweit über **400 Avocadosorten.** Sie werden rund um den Globus in den Tropen kultiviert.
In unseren Breiten sind **süße Avocados** kaum erhältlich, in den Tropen werden diese aber gerne genossen.

Es gibt auch **kernlose Avocados.** Dabei handelt es sich jedoch nicht um eine bestimmte Sorte, sondern um Früchte, die aus unbefruchteten Blüten entstehen. Besonders häufig entstehen sie aber aus der Sorte Fuerte. Die kernlosen Früchte sind nur zwischen fünf und acht Zentimeter groß, haben eine dünne

Schale und kommen hauptsächlich aus Kalifornien, Israel und Südafrika zu uns.

Die Avocado hat mit sehr großem Abstand den **höchsten Fettgehalt** aller Obst- und Gemüsearten. Deshalb ist sie unter anderem bei Veganern sehr beliebt.

Seit einigen Jahren gibt es in unseren Breiten einen regelrechten Avocado-Boom. Das kann man an den Importmengen der häufig als **Superfood** bezeichneten Früchte sehen. Während in Deutschland 2010 etwa 28.000 Tonnen Avocados eingeführt wurden, waren es 2016 bereits 58.500 Tonnen. Damit hat sich die Importmenge in nur sechs Jahren mehr als verdoppelt. Ähnliches gilt auch für Österreich.

**Hauptimportländer** sind Chile, Peru, Spanien, Kenia und Südafrika.

**Avocadobäume** benötigen viele Jahre, bevor sie Früchte tragen. Erst nach zehn Jahren bilden sich die ersten Blüten, weitere vier Jahre dauert es, bis auch Früchte entstehen.

**Ursprünglich** stammt die Avocado aus Südmexiko. Im tropischen und subtropischen Mittelamerika verwendete man die Frucht schon vor 10.000 Jahren. Die Früchte der wild wachsenden Bäume hatten einen wesentlich größeren Kern und weniger Fruchtfleisch als die heutigen Avocados.

Die **erste Erwähnung** der Avocado findet sich im Reisetagebuch des spanischen Eroberers Pedro de Cieza de Leon (ca. 1520–1554), in dem er beschreibt, dass die Früchte, die er *aguacate* nannte, in Panama, Ecuador, Kolumbien und Peru wachsen.

Die Spanier waren es auch, die zur **Verbreitung** der Avocado beitrugen. Sie brachten sie in die Karibik, nach Chile und Madeira. Und bis zum Ende des 19. Jahrhunderts wurde sie auch in Afrika, Madagaskar, Malaysia und auf den Philippinen angebaut. Während man bereits 1833 die ersten Avocadobäume in Florida pflanzte, fanden sie erst Anfang des 20. Jahrhunderts ihren Weg in den Mittelmeerraum.

Nennenswerte Mengen der Früchte werden erst seit dem **Zweiten Weltkrieg** vor allem aus den USA und Ostasien importiert.

## ... das kann ich

- unterstütze die Aufnahme von fettlöslichen Nährstoffen
- wirke blutkrebshemmend (→ Avocatin B)
- unterstütze Blutbildung und Knochenaufbau (→ Vitamin A)
- bin ein Radikalfänger (→ Lycopin)
- senke den Cholesterinspiegel

Die Avocado enthält außer ihrer gesunden pflanzlichen Fette auch große Mengen an Nährstoffen. Die höchste **Nährstoffkonzentration** befindet sich nahe der Schale im dunkelgrünen Fruchtfleisch. Deshalb sollte man das Fruchtfleisch immer so gut wie möglich ausschaben.

Sind die **pflanzlichen Fette** an sich schon sehr gesund, haben sie noch einen zusätzlichen Nutzen. Durch sie können andere, fettlösliche Vitalstoffe viel besser vom menschlichen Körper aufgenommen werden. Zu ihnen zählen etwa Vitamin A, Vitamin D, Vitamin E, Vitamin K, Alpha-Carotin, Beta-Carotin, Lutein, Lycopin, Zeaxanthin und Kalzium. Bereits ein Teelöffel Avocadofruchtfleisch zu Mahlzeiten oder Smoothies hinzugefügt, genügt, um diese Nährstoffe besser resorbieren zu können. Avocados können übrigens im selben Verhältnis als gesunde Alternative zu Butter oder Margarine verwendet werden.

Kanadische Wissenschaftler haben mit **Avocatin B** ein weiteres, ganz besonderes Fett entdeckt, das in der Avocado steckt. Avocatin B greift Leukämie-Stammzellen an, während die gesunden Zellen intakt bleiben. Diese Stammzellen sind ein wichtiger Grund für die vielen Rückfälle bei Patienten. Besonders bei der akuten myeloischen Leukämie („Blutkrebs"), einer Krebskrankheit, die vor allem Menschen über 60 Jahren betrifft, verspricht man sich, das Fett künftig als Therapie einsetzen zu können.

Carotine sind Pflanzenfarbstoffe, die in allen gelben, roten und dunkelgrünen Früchten und Gemüsesorten enthalten sind. Sie sind auch reichlich in Avocados zu finden. Aus Beta-Carotin kann der menschliche Körper **Vitamin A** herstellen. Dieses ist für die Blutbildung, für gesunde Haut und Schleimhäute, aber auch für den Knochenaufbau und die Gesunderhaltung der Zähne wichtig. Zusätzlich benötigen wir es auch für den Sehvorgang.

Die sekundären Pflanzenstoffe **Lutein, Zeaxanthin** und Lycopin sind ebenfalls in Avocados enthaltene Pflanzenfarbstoffe, die am Sehvorgang beteiligt sind. Lutein und Lycopin sind auch als Farbpigmente in der menschlichen Netzhaut zu finden. Lutein kann auch im hohen Alter noch manche Augenkrankheiten mindern oder sogar verhindern.

**Lycopin** kennt man hauptsächlich als sekundären Pflanzenstoff, der in Tomaten vorkommt. Er ist aber auch in Avocados enthalten. Als starker Radikalfänger unterstützt er unser Immunsystem. Lycopin kann ebenfalls besser vom Körper aufgenommen werden, wenn Fett zur Verfügung steht.

Obwohl Avocados so fettreich sind, senken sie den **Cholesterinspiegel,** denn sie liefern große Mengen an einfach ungesättigten Fettsäuren, die positiv auf den Cholesterinspiegel wirken. Zu empfehlen ist es deshalb, ungesunde Fette, wie sie etwa in Käse, Butter und Wurst enthalten sind, durch Avocado-Brotaufstriche zu ersetzen.

Von der Avocado kann nicht nur das Fruchtfleisch verwendet werden. In Mittelamerika werden auch die **Blätter für Tee oder als Würzmittel** genutzt.

Während wir Avocados in erster Linie in pikanten Gerichten verwenden, ist sie in Taiwan, Indonesien und auf den Philippinen oft Zutat von Süßspeisen. **Avocado-Shakes** mit Milch und Zucker sind hier traditionelle Getränke. In Brasilien, Vietnam und Taiwan werden Avocados außerdem gerne zu Speiseeis verarbeitet.

Die südamerikanische indigene Bevölkerung stellte aus Avocados das alkoholische Getränk *abacate* her, das die Europäer zu ihrem Eierlikör inspirierte.

Das Fruchtfleisch der Avocado oxidiert sehr rasch und wird braun. Ein wenig Zitronensaft kann die **Oxidation** stoppen.

**Vorsicht:** Menschen mit Latexallergie können allergisch auf Avocados reagieren.

Die aztekische Bezeichnung *ahuacatl* für Avocados bedeutet übersetzt „Hoden". Ob sich der Name davon ableitet, dass die Früchte paarweise wachsen, oder daher, dass ihnen eine **aphrodisierende Wirkung** nachgesagt wurde und sie ein Symbol für Liebe und Fruchtbarkeit waren, ist nicht eruierbar.

## Guacamole (mexikanischer Avocado-Dip)

4 Portionen

|       |                                       |
|------:|---------------------------------------|
|     1 | *kleine rote Zwiebel*                 |
|   2–3 | *Knoblauchzehen*                      |
|     1 | *Jalapeño oder Chilischote (bei Bedarf)* |
|     2 | *reife Avocados*                      |
|     1 | *kleine Limette (Saft)*               |
|     2 | *Tomaten*                             |
|  2 EL | *Joghurt (bei Bedarf)*                |
|       | *Salz, Pfeffer und Chili-Gewürz*      |

Zwiebel und Knoblauch schälen, fein hacken und in eine Schüssel geben (Jalapeño oder Chilischote gehackt nach Bedarf hinzugeben). Avocados halbieren, Kern entfernen und mit einem Löffel das gesamte Fruchtfleisch herausschaben, zerdrücken und mit den Zwiebel- und Knoblauchstücken vermischen. Damit die Paste nicht braun wird, den Saft der Limette hinzugeben. Tomaten entkernen, in kleine Würfel schneiden und untermischen. Nach Wunsch etwas Joghurt hinzugeben, damit die Masse noch cremiger wird. Mit Salz, Pfeffer und Chili-Gewürz abschmecken und servieren.

B wie ...

# BIRNE

*Pyrus sp., Kletze*

 Die Birne ist wie der Apfel ein **Kernobstgewächs,** das zur Familie der Rosengewächse zählt.

2016 wurden in Europa 2,8 Mio. Tonnen Birnen produziert. Die europäischen **Hauptproduzenten** sind dabei Italien, Frankreich, Belgien und Spanien. Während es bei uns zur Saison heimische Birnen gibt, werden sie im Winter hauptsächlich aus Südafrika, Argentinien und Chile importiert. Der weltweit größte Birnenproduzent ist China, das für 40% der Welternte verantwortlich ist.

Laut Schätzungen gibt es etwa 2.500 **Birnensorten.** Sie werden grob unterteilt in Tafelbirnen, Kochbirnen und Mostbirnen. Die bekanntesten Sorten der Tafelbirnen sind dabei Alexander Lucas, Abate Fetel, Williams Christ, Birne Helene, Gute Luise und Charneux.

 Ursprünglich beheimatet ist die Birne im eurasischen Raum. Bereits in der **Bronzezeit** war sie bei uns verbreitet. Dass das Holz der Wildbirne damals für den Bau von Pfahlbauten verwendet wurde, beweisen Funde am Bodensee.

Natürlich kannte man die Birne auch in der **Antike.** Von den Babyloniern wurde sie sogar als heiliger Baum verehrt. Und bereits im alten Griechenland und Rom gab es verschiedene Sorten. Der römische Gelehrte Plinius der Ältere (23–79 n. Chr.) erwähnt in seinen Schriften 38 verschiedene Sorten.

## ... *das kann ich*

- reguliere die Verdauung (→ Pektin)
- wirke entwässernd und entschlackend
- unterstütze den Nerven-, Knochen- und Fettstoffwechsel (→ Phosphor, Kalium, Kalzium)
- stärke die Nerven (→ Phosphor, Kalium, Vitamin B1)
- wirke positiv auf das Herz-Kreislauf-System (→ Folsäure, Kalium)

Für unsere Gesundheit sind Birnen vor allem wegen ihrer verdauungsfördernden und entwässernden Wirkung von Bedeutung. Für beides ist der enthaltene Ballaststoff **Pektin** verantwortlich. Pektin regt die Darmtätigkeit an und sorgt für eine gute Verdauung. Zudem bindet Pektin Wasser gemeinsam mit Giftstoffen und hilft dabei, diese aus dem Körper auszuleiten. Für diesen entschlackenden Effekt ist aber nicht allein der Ballaststoff verantwortlich.
Birnen stecken auch voller **Phosphor, Kalium** und Kalzium. Diese Mineralstoffe unterstützen den Körper dabei, Harnsäure auszuscheiden, was vor allem bei Gicht, Rheuma und Arthritis wünschenswert ist.

Darüber hinaus werden die Mineralstoffe auch vom Körper benötigt. Während Phosphor und Kalium für den Nervenstoffwechsel von Bedeutung sind, ist **Kalzium** vor allem für die Knochen, aber auch für den Fettstoffwechsel wichtig.

An Vitaminen enthalten Birnen nennenswerte Mengen **B1,** B2 und B3, die ebenfalls zum einen für den Kohlenhydrat- und Fettstoffwechsel unerlässlich sind, zum anderen aber auch für die Bildung des Wohlfühlhormons **Serotonin** benötigt werden.

**Kalium** unterstützt weiters die Nierentätigkeit und reguliert den Blutdruck. Gemeinsam mit der in Birnen enthaltenen **Folsäure** sorgt es für ein gesundes Herz und einen stabilen Kreislauf.

**Lagern** lassen sich Birnen je nach Sorte unterschiedlich lange. Am besten ist eine Lagertemperatur um die 8 Grad und eine hohe Luftfeuchtigkeit.

Eine besondere Birnensorte ist die Sandbirne oder Asiatische Birne. Man findet sie manchmal auch unter dem Namen **Nashi.** Was sie von anderen Birnensorten abhebt, ist ihr Geschmack, der eher jenem der Melone ähnelt. Hauptsächlich wird sie, wie ihr Name schon andeutet, in Japan und China, aber auch in Neuseeland kultiviert.

Früher stellte man aus Birnenkernen **Speiseöl** her. Für einen Liter Öl waren aber etwa 8 Kilogramm Birnenkerne vonnöten.

Neben den Früchten wird auch das **Holz** des Birnbaums genutzt. Es ist besonders beliebt im Möbelbau, da es sehr formstabil ist. Dafür verantwortlich sind gerade jene Steinzellen, die man auch in den Früchten findet und die den Genuss beim Verzehr etwas mindern können. Diese harten Steinzellen sind eng miteinander verflochten und sorgen dafür, dass das Holz beim Trocknen nicht reißt. Auch zum Schnitzen eignet sich das Holz trotz seiner Härte gut.

Vielen wird der Brauch bekannt sein, zur Geburt eines Kindes einen **Geburtsbaum** zu pflanzen. Traditionellerweise wird dabei für ein Mädchen ein Apfelbaum, für einen Jungen ein Birnbaum gesetzt.

Auch als **Schutzbäume** dienten Birnbäume früher, da die in ihnen wohnenden Baumgeister angeblich Hexen verjagen konnten. Um die Baumgeister milde zu stimmen, ließ man die schönsten Früchte für sie an den Bäumen hängen.

In China ist der Birnbaum ein **Symbol für langes Leben.**

Birne ist die Protagonistin der **fantastischen Abenteuergeschichten** von Günter Herburger. Die Figur ist an eine Glühbirne angelehnt und wurde vom Sohn des Autors erfunden. Beachtung fanden die Geschichten ab den 1970er-Jahren vor allem aufgrund ihrer antiautoritären und sozialkritischen Inhalte.

# B wie ...

# BROMBEERE

*Rubus fruticosus, Ackerbeere, Braunbeere, Hundsbeere, Hirschbeere*

**Heimische Erntezeit:** Juli bis September

Brombeeren gehören wie Himbeeren zur weltweit verbreiteten Pflanzengattung **Rubus** und zählen zur Familie der Rosengewächse. Die Gattung umfasst mehrere Tausend Arten, von denen es alleine in Europa bereits über 2.000 gibt.

Die Gartenbrombeere unterscheidet sich von der **wilden Waldbrombeere** durch etwas größere Früchte und einen weniger intensiven und aromatischen Geschmack.

Die dünnen Stacheln des Strauches dienen zum einen als Kletterhilfe und zum anderen als Fressschutz. Seit den 1950er-Jahren gibt es aber auch **stachellose Brombeerzüchtungen.**

Wie Himbeeren gehören Brombeeren zu den Sammelsteinfrüchten und sind botanisch gesehen **keine Beeren.** Die Brombeere setzt sich eigentlich aus vielen kleinen einzelnen Steinfrüchten zusammen, die jede für sich einen einzelnen kleinen Samen besitzen. Brombeeren sitzen wie Himbeeren auf Fruchtzapfen. Während jedoch die Himbeerfrüchte behaart sind, haben Brombeeren eine glänzende Außenhaut.

Brombeeren sind weltweit in den gemäßigten Gebieten der Nordhalbkugel, also in Europa, Nordafrika, Vorderasien und Nordamerika verbreitet. Die europäischen **Hauptanbauländer** sind neben Deutschland Belgien, die Niederlande, Frankreich, Rumänien und die Tschechische Republik. Auch in Nord- und Südamerika werden Brombeeren auf großen Flächen kultiviert.

**Ursprünglich** sind Brombeeren in Eurasien und Nordamerika beheimatet.

Brombeeren zählen zu den **ältesten Heilpflanzen.** Bereits im alten Ägypten und in der griechischen Antike schätzte man sie für ihre gesundheitliche Wirkung.

Auch in verschiedenen **mittelalterlichen Kräuterbüchern** werden Brombeeren als Heilmittel erwähnt.

Die Brombeeren, die heute von uns kultiviert werden, gingen aus einer **Züchtung** aus der Mitte des vorigen Jahrhunderts hervor. Mindestens 16 verschiedene Arten der Gattung Rubus wurden benötigt, um die heutige Gartenbrombeere zu züchten.

## ... *das kann ich*

- helfe bei Durchfall (→ Gerbstoffe)
- wirke gegen Halsschmerzen und Sodbrennen (→ Gerbstoffe)
- sorge für gesunde und schöne Haut
- unterstütze das Immunsystem (→ Bioflavonoide)
- wirke beruhigend

Sowohl die Früchte als auch die Blätter der Brombeere werden zu Heilzwecken genutzt. In Frankreich und den Niederlanden ist die Brombeere sogar als **Heilpflanze** anerkannt.

Ein wichtiger Inhaltsstoff, den wir für unsere Gesundheit nutzen, sind die enthaltenen **Gerbstoffe.** Sie unterstützen zum einen die Verdauung und helfen bei Durchfall, zum anderen schaffen sie auch bei entzündeten Schleimhäuten, bei Halsschmerzen, Sodbrennen oder Infektionen im Mundraum Abhilfe. Besonders Brombeersaft wird hierfür eingesetzt. Dieser wirkt auch schweißtreibend, weshalb Brombeersaft gerne bei Fieber verabreicht wird.

Gegen Durchfall und Sodbrennen hilft auch der Brombeerblättertee. Auch bei Magenschmerzen wird dieser getrunken.
**Brombeerblätter** haben eine blutreinigende Wirkung und werden bei Ekzemen und schlecht heilenden Wunden der Haut eingesetzt. Aufgrund ihrer positiven Wirkung auf die Haut werden die Blätter auch in der Kosmetikindustrie, z.B. für Gesichtscremen, verwendet.

Brombeeren unterstützen außerdem unser Immunsystem dank des hohen Gehalts an **Bioflavonoiden** (sekundären Pflanzenstoffen) und ihrer Fähigkeit, Kupfer zu binden.

In der Volksmedizin werden Brombeeren weiters bei **nervöser Unruhe** eingesetzt.

Das Wort Brombeere stammt vom althochdeutschen Wort *brāmberi* ab, was mit **„Beere des Dornstrauchs"** übersetzt werden kann. Das englische Wort für Dornenstrauch, *bramble,* hat ebenfalls hierin seinen Ursprung.

Dass die Brombeeren **reif** sind, erkennt man daran, dass sie bei sanftem Druck nachgeben und sich leicht vom Fruchtboden ablösen lassen. Anders als die Himbeeren sind Brombeeren nämlich fest an den Fruchtboden gebunden.

Bevor Brombeeren als Obst genutzt wurden, verwendete man die dornigen Sträucher. Bereits in der Jungsteinzeit dienten diese zur **Abwehr von wilden Tieren** und Waldgeistern, indem man Brombeersträucher an die Siedlungsgrenzen setzte.

Auch in der Literatur finden wir Brombeersträucher. Das tragische Liebespaar **Tristan und Isolde** steht nach dem Tod durch einen in Verbindung, indem aus dem Grab Tristans ein Brombeerstrauch wächst, der sich bis in Isoldes Grabstätte rankt und nicht zerstört werden kann.

# CHAMPIGNON

*Agaricus sp., Egerling, Angerling, Wiesen-Champignon*

 Der Champignon gehört wie der Austernpilz und der Shiitake zu den **Blätterpilzen,** für die kennzeichnend ist, dass sie an der Unterseite ihres Hutes Lamellen haben, aus denen die Sporen herabfallen. Der Champignon ist eine Zuchtform des wild wachsenden Egerlings.

Der Champignon ist weltweit **auf allen Kontinenten** verbreitet und kommt auch in ganz Europa vom Mittelmeer bis nach Skandinavien vor.

Entsprechend werden Champignons bei uns auch das ganze Jahr über angeboten. Der **Pro-Kopf-Verbrauch** in Deutschland beträgt etwa 3 Kilogramm.

Man unterscheidet den **weißen** vom **braunen Champignon.** Letzterer wird auch brauner Egerling genannt und hat einen intensiveren Geschmack als der weiße.

Während in Supermärkten meist Champignons mit einem Hut-Durchmesser von drei bis sechs Zentimetern angeboten werden, gibt es auch **Miniaturchampignons** und **Riesenchampignons,** deren Hut einen Durchmesser von bis zu zwölf Zentimetern haben kann. Ein Vertreter der braunen Riesenchampignons ist etwa der Portobello.

 Angeblich wurde der Champignon **um 1750 in Frankreich** zufällig entdeckt. Pariser Gärtner sollen auf dem Dünger für ihre Beete weiße Champignons gefunden und diese weiter kultiviert haben. Der Name Champignon ist übrigens auch Französisch und bedeutet „essbarer Pilz".

Eine kommerziell bedeutende Champignon-Zucht entwickelte sich erst **Mitte des 20. Jahrhunderts.** Davor galten die Pilze als Luxusgut, das dem Adel vorbehalten war. Heute werden sie in Deutschland von rund hundert Betrieben kultiviert.

**G**

## ... das kann ich

- enthalte viel Eiweiß und bin kalorienarm
- liefere zahlreiche Vitalstoffe
- unterstütze die Darmgesundheit (→ Hemi-cellulose, Chitin)
- wirke blutdrucksenkend (→ Tyrosinase)

Im Vergleich zu den meisten Gemüsearten haben Champignons einen **hohen Eiweißgehalt.** Sie haben außerdem einen kaum nennenswerten Fettanteil und besitzen wenige Kohlenhydrate, da sie hauptsächlich aus Wasser bestehen. Deshalb eignen sich die Pilze für eine kalorien-bewusste Ernährung.

Die Pilze enthalten aber trotzdem viele **Vitalstoffe.** Darunter etwa die Vitamine D, B1, B2, B3 und B7 sowie die Mineralstoffe Kalium, Phosphor, Eisen und Zink. Kalium und Vitamin B1 sind z.B. für den Nervenstoffwechsel und die Reizweiterleitung unerlässlich.

Champignons sind reich an Ballaststoffen, darunter vor allem **Hemicellulose** und **Chitin.** Diese unterstützen nicht nur die Verdauung und können sogar vor Darmkrebs schützen, sie sorgen auch für ein starkes Sättigungsgefühl. Von manchen Menschen kann Chitin jedoch nur schwer verdaut werden.

Eine Besonderheit der Pilze ist ihre blutdrucksenkende Wirkung. Dafür verantwortlich ist das in Champignons enthaltene Enzym **Tyrosinase.**

In der Traditionellen Chinesischen Medizin werden Champignons zur **Steigerung der Milchproduktion** bei Müttern empfohlen.

**I** Während Champignons bis ins 20. Jahrhundert ein exklusives, teures Produkt waren, sind sie mittlerweile relativ günstig – und das trotz **Handernte.** Der Grund dafür ist, dass sie bei den richtigen klimatischen Bedingungen, die heute in kommerziellen Betrieben von Computern überwacht werden, sehr anspruchslos sind. Auch auf Schädlingsbekämpfungsmittel kann bei der Champignon-Kultivierung komplett verzichtet werden.

Champignons werden am besten im Kühlschrank aufbewahrt. Vor der Zubereitung sollten sie geputzt, dabei aber **nicht gewaschen** werden, da sie sich ansonsten mit Wasser vollsaugen.

Man kann Champignons grundsätzlich **auch roh essen,** sollte dabei aber nicht mehr als 100 Gramm auf einmal konsumieren, denn roh enthalten die Pilze den leicht giftigen Stoff Agaritin, der durch Garen und auch durch Lagerung abgebaut wird. Aufgrund des Ballaststoffes Chitin sind Champignons jedoch schwer verdaulich und werden vor allem im rohen Zustand nicht von jedem vertragen.

Vorsicht ist beim Pilze-Sammeln geboten. Denn der Champignon hat **giftige Doppelgänger.** Zu ihnen gehört der Karbol-Champignon, der an seiner leuchtend gelben Stielbasis und dem unangenehmen Geruch erkennbar ist. Auch der Kegelhütige Knollenblätterpilz und der Frühlings-Knollenblätterpilz sind giftige Pilze, die dem Champignon zum Verwechseln ähnlich sehen.

Man findet Champignons wie auch andere Pilze häufig ringförmig angeordnet in der freien Natur. Dieses symmetrische Erscheinungsbild geht darauf zurück, dass sich die Wurzeln gleichmäßig in alle Richtungen rund um einen Pilz ausbreiten und daraus dann neue Pilze wachsen. Im Volksmund wird diese ringförmige Anordnung **Hexen-** oder **Feenring** genannt, was auf den Aberglauben zurückgeht, dass Hexen und Feen sich an diesen magischen runden Orten versammeln würden.

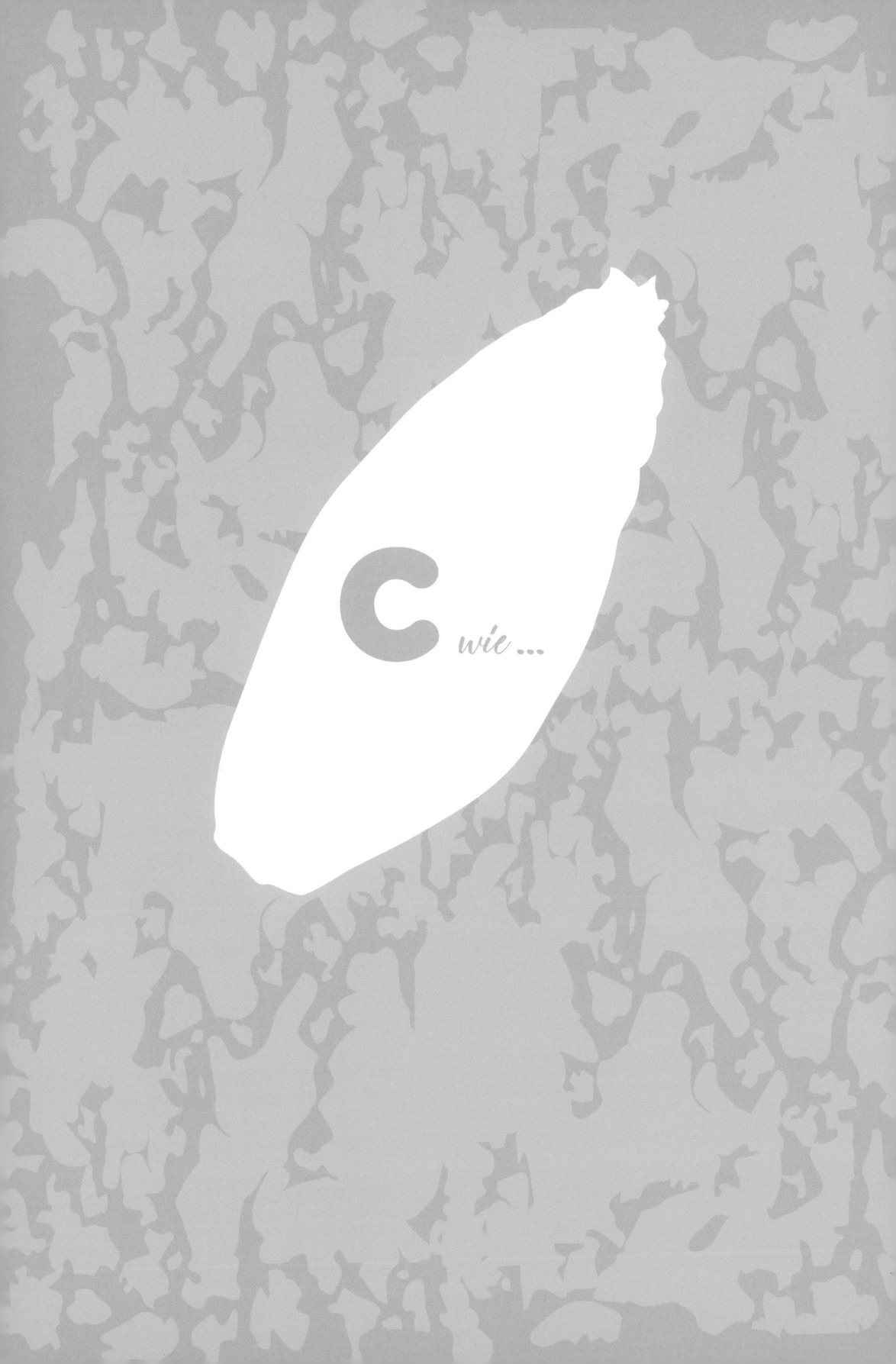

C wie...

# CHICORÉE

*Cichorium intybus var. foliosum, Bleichzichorie, Salatzichorie, Brüsseler Salat, Schikoree, Chicon*

**Heimische Erntezeit:** Oktober bis April

 Der botanische Name *Cichorium intybus var. foliosum* beschreibt auch den Zuckerhut und den Radicchio. Chicorée gehört wie sie zu den Zichoriensalaten und ist eine züchterische Weiterentwicklung der **Gemeinen Wegwarte.**

Der **Anbau** des Chicorées verläuft in zwei Schritten: Zunächst werden die Zichorienwurzeln ganz normal am offenen Feld angebaut. Dort treiben aus. Im Herbst werden die Wurzeln in 30 cm Tiefe abgeschnitten und die Pflanze wird herausgezogen. Die so gewonnenen Zichorienwurzeln können bis zu zehn Monate gelagert werden, bevor sie in einem zweiten Schritt dicht nebeneinander wieder in die Erde gepflanzt und mit einer dunklen Folie bedeckt werden. So von der Sonne abgeschottet, wachsen innerhalb weniger Wochen die bleichen Chicorée-Blätter heran.

Der Chicorée wird übrigens nicht nur aus optischen Gründen bleich gehalten. Gleichzeitig mit der Entwicklung des Chlorophylls durch Sonneneinstrahlung bilden sich auch die **Bitterstoffe** Inulin und Lactucopikrin (früher Intybin genannt), die den Salat in zu hoher Konzentration wenig schmackhaft machen. In geringen Mengen sind Bitterstoffe jedoch immer im Chicorée enthalten.

Der weniger bekannte **rotblättrige Chicorée** ist eine Kreuzung zwischen dem Chicorée und dem Radicchio.

**Produktionsländer:** Chicorée wird neben seinem Entdeckungsland Belgien auch in Deutschland, Österreich, Frankreich, den Niederlanden, in Nordafrika und im gesamten Orient kultiviert.

In den Monaten, in denen es Chicorée nicht aus heimischem Anbau gibt, wird er aus den Niederlanden oder Belgien importiert und ist damit ganzjährig bei uns verfügbar.

Während in Europa durchschnittlich 300 Gramm Chicorée pro Person und Kopf gegessen werden, verzehren die Belgier im Durchschnitt **9 Kilogramm pro Jahr,** die Franzosen etwa 4.

Die Wegwarte oder wilde Zichorie, von der der Chicorée abstammt, ist **ursprünglich** im Mittelmeergebiet, in Nordafrika und Zentralasien beheimatet.

Die wilde Zichorie war bereits den **alten Ägyptern** und **Griechen** als Heilpflanze bekannt.

Aus den Wurzeln der wilden Zichorie wurde seit dem 17. Jahrhundert Kaffeeersatz, der sogenannte **Zichorienkaffee,** hergestellt.

Zur **Entdeckung** gibt es drei verschiedene Überlieferungen, die jedoch alle aus Belgien stammen:

Um 1830, während der revolutionären Zeiten im Zuge der Gründung des Königreichs Belgien, sollen die Bauern die Zichorienwurzeln, die für den Kaffeeersatz kultiviert wurden, in der Erde versteckt haben, woraufhin diese weiße Blätter ausbildeten.

Eine andere Version erzählt, dass Chicorée durch Zufall vom belgischen Gärtner Brézier, der Obergärtner im botanischen Garten in Brüssel war, entdeckt wurde. Vergessene Zichorienwurzeln sollen 1844 in seinem Keller ausgetrieben und das uns heute bekannte blasse Wintergemüse gebildet haben, das der Gärtner sehr schmackhaft fand.

Laut dritter Geschichte sollen belgische Bauern 1870 aufgrund einer ungewöhnlich hohen Ernte die Zichorienwurzeln im Gewächshaus eingelagert haben, wo sie über den Winter kräftige Triebe entwickelten.

1873 wurde Chicorée erstmals bei der **internationalen Gartenausstellung** in Frankreich gezeigt. Es dauerte jedoch noch ein Jahrhundert, bis sich der Chicorée als Salat durchsetzte, was auch daran liegen mag, dass die ersten Sorten noch wesentlich mehr Bitterstoffe enthielten als spätere Züchtungen.

## ... *das kann ich*

- fördere die Verdauung (→ Bitterstoffe, Ballast-stoffe)

- schütze den Darm (→ Bitterstoffe, Ballaststoffe)

- wirke harntreibend

- unterstütze Blutbildung und Knochenaufbau

- reguliere den Nerven- und Muskelstoffwechsel

- habe Anti-Aging-Kräfte

Besonders wertvoll für unsere Gesundheit ist der Chicorée wegen seiner **Bitterstoffe Inulin und Lactucopikrin.** Sie regen nicht nur den Stoffwechsel und den Appetit an, sondern fördern auch die Verdauung vor allem fettreicher Speisen, ähnlich einem Magenbitter. Bitterstoffe regen nämlich die Gallenblase und die Bauchspeicheldrüse an. Sie sollen außerdem blutzucker- und cholesterinsenkend wirken. Im Volksmund heißt es „Was bitter im Mund, ist dem Magen gesund." Machen Sie „Bitter is better" zu Ihrem Leitspruch.

Auch die enthaltenen **Ballaststoffe,** insbesondere der präbiotische Ballaststoff Inulin, regen die Verdauung an, entgiften den Darm und dienen damit der Vorbeugung von Darmerkrankungen wie Darmkrebs.

Chicorée wirkt auch **harntreibend,** weshalb er besonders von Rheuma- und Arthritispatienten gegessen werden sollte.

Weiters wirkt der Salat säurebindend und reguliert den Wasserhaushalt. Deshalb ist Chicorée auch ein ideales Gemüse, um den **Säure-Basen-Haushalt** auszugleichen.

**Vitamin- und mineralstoffreich:** Chicorée ist reich an Vitamin A, B1, B2 und C sowie an Beta-Carotin. Außerdem enthält er Folsäure und Phosphor sowie die Mineralstoffe Kalium, Magnesium und Kalzium. Letztere sind nicht nur wichtig für die Blutbildung, sondern auch für den Muskel- und Nervenstoffwechsel sowie den Knochenaufbau bedeutend. Phosphor ist ebenfalls wichtig für feste Knochen und Zähne, spielt eine bedeutende Rolle bei der Energiegewinnung und ist am Aufbau der Zellen beteiligt. Folsäure ist ein Vitamin, das besonders von Schwangeren und Stillenden in höherem Maße benötigt wird.

Chicorée ist ein toller Radikalfänger mit **Anti-Aging-Wirkung.** Er kann den Körper dabei unterstützen, freie Radikale aus der Umwelt (wie Rauch, UV-Strahlung, Feinstaub etc.) unschädlich zu machen, was wiederum vor Zellveränderungen und Zellalterung schützt. Chicorée-Extrakt wird aus diesem Grund auch in Kosmetika für die Haut verwendet.

Die Qualität von frischem Chicorée erkennt man beim **Kauf** an den festen Köpfen und den hellgelben Spitzen. Die Spitzen sollten auf keinen Fall grün sein, da dies ein Zeichen für einen hohen Gehalt an Bitterstoffen ist. Durchschnittlich wiegt ein Chicorée-Kopf zwischen 100 und 150 Gramm und ist zwischen 10 und 20 Zentimetern lang.

**Lagerung:** Chicorée sollte in ein feuchtes Tuch eingewickelt im Kühlschrank gelagert werden. So hält er bis zu vier Wochen lang. Das Gemüse sollte nicht einmal für nur wenige Stunden im Hellen liegen, da sich die Spitzen dadurch grün verfärben (Chlorophyll) und der Geschmack bitter wird. Wichtig ist auch, dass er nicht neben Ethylen ausscheidendem Obst und Gemüse (Bananen, Tomaten etc.) gelagert wird, weil er empfindlich gegenüber dem Reifungsgas ist.

Da Chicorée beim Anbau nicht mit Erde in Berührung kommt und außerdem sehr dichte Blätter hat, kann man sich aufwändiges **Waschen sparen.**

Obwohl gerade die **Bitterstoffe** gesundheitlich wertvoll sind, sagen sie nicht allen Menschen geschmacklich zu.

Um sie zu **reduzieren,** kann man den Strunk des Chicorées keilförmig ausschneiden, die äußeren Blätter entfernen und die restlichen Blätter für einige Minuten in lauwarmes Salzwasser oder Milch einlegen. Als weitere Möglichkeit zur Abmilderung des bitteren Geschmacks kann man dem Kochwasser etwas Zucker beigeben.

**Hinweis:** In eisernen Töpfen, Pfannen oder Schüsseln zubereitet verfärbt sich Chicorée schwarz. Beim Dünsten in anderen Gefäßen verliert er auch rasch seine frische Farbe. Dem lässt sich mit etwas Zitronensaft entgegenwirken.

Die Zichorienwurzel wird auch für die Herstellung von **Kunststoff** genutzt.

Im **Französischen** wird der Chicorée umgangssprachlich mit *endive* bezeichnet und die Endivie mit *chicorée*.

Der niederländische **Name** *witlof* für den Chicorée leitet sich von *wit loof* für „weißes Laub" ab.

## Gebratener Chicorée

4 Portionen

4 Stk.  Chicorée
80 g  Butter
4 EL  Wasser
  Salz

Chicorée längs halbieren und den harten Mittelkeil entfernen.
Butter mit einer Prise Salz ausbraten und sobald sie zu bräunen beginnt, die Chicoréehälften mit der Schnittfläche nach unten hinzugeben, etwa 3 min. braten, bis sie etwas Farbe haben, dann wenden.
Wasser hinzugeben, mit Salz würzen, abdecken und weitere
3 min. garen.
Abschließend den Bratensud mit einem Löffel über das Gemüse träufeln und servieren.

C wie...

# CHINAKOHL

*Brassica rapa sp., Pekingkohl, Selleriekohl, Jägersalat, Japankohl, Chinesischer Kohl*

**Heimische Erntezeit:** Juli bis November

Der Chinakohl gehört zur Familie der Kreuzblütler *(Brassicaceae)*. Anders als sein Name vermuten lässt, stammt er nicht vom Gemüsekohl ab, sondern von der Gattung der Rüben *(Brassica rapa)*, zu der auch die Speiserübe gehört. Trotzdem zählt man ihn zum **Kohlgemüse.**

**Aussehen:** Der Chinakohl hat einen festen, ovalen Kopf und weist ein Gewicht von ein bis drei Kilogramm auf. Die Blätter sind gelbgrün und haben breite, weiße Blattrippen. Am Rand sind sie Blätter leicht gekraust.

Gerne verwechselt wird der Chinakohl mit dem Chinesischen Senfkohl oder **Pak Choi.** Dieser hat jedoch einen kleineren Kopf und dunkelgrüne Blätter und ähnelt damit dem Mangold.

2016 wurden in Deutschland etwa **38.000 Tonnen** Chinakohl geerntet. China-kohl wird in fast allen Ländern der Erde angebaut.

Der Chinakohl stammt ursprünglich aus der nordchinesischen **Provinz Kanton** und ist vermutlich eine Kreuzung zwischen Speiserübe und Pak Choi. In China wird er bereits seit dem 5. Jahrhundert kultiviert. Er wird dort übersetzt als „weißes Gemüse" bezeichnet. Er bereicherte sowohl Suppen und Speisen, wurde aber auch blanchiert und mit Gewürzen versehen als Salat serviert.

Seit dem **15. Jahrhundert** wird Chinakohl auch in Korea kultiviert, erst ab dem 19. Jahrhundert in Japan.

Die Reise nach Europa hat viel Zeit in Anspruch genommen. Im 19. Jahrhundert gelangte der Chinakohl mit ausgewanderten chinesischen Eisenbahnarbeitern nach Nordamerika. Erst von dort aus wurde er auch nach **Europa** verbreitet.
Seit Anfang des 20. Jahrhunderts ist er auch in Deutschland bekannt.

G

*... das kann ich*

- bin bekömmlicher als andere Kohlgemüsesorten
- bin ein natürliches Antibiotikum (→ Senföle)
- wirke krebshemmend (→ Senföle)
- stärke die Nerven (→ Vitamin B)

Chinakohl ist milder und **leichter verträglich** als andere Kohlgemüse. Wegen seines Gehaltes an Senfölen und Aminosäuren wirkt er nämlich nicht blähend. Noch leichter verdaulich ist er, wenn er in Milch gedämpft wird. Er riecht und schmeckt auch nur dezent nach Kohl.

Trotzdem enthält Chinakohl die für Kohlgemüse so typischen **Senföle** (Glucosinolate). Dabei handelt es sich um sekundäre Pflanzenstoffe, die besonders wertvoll für unsere Gesundheit sind. Sie können als natürliches Antibiotikum bezeichnet werden, denn sie wirken antibakteriell und können sogar das Risiko für bestimmte Krebserkrankungen (v.a. Darmkrebs) senken.
Außerdem stärken sie unser Immunsystem und fungieren als Antioxidantien.

Chinakohl enthält hohe Mengen an **Vitaminen der B-Gruppe,** darunter Niacin, Biotin und Pantothensäure, und gilt dadurch in der Volksmedizin als Nervenstärkung.

Das Gemüse enthält auch Folsäure, die vor allem in der **Schwangerschaft** wichtig ist, weil der Folsäurebedarf werdender Mütter um 50% steigt. Der Nährstoff ist für die Zellteilung und das Wachstum des ungeborenen Kindes essenziell.

**Weitere Nährstoffe,** die in Chinakohl enthalten sind, sind Vitamin A, C und K, Kalium, Kalzium, Eisen und Phosphor.

Frischen Chinakohl erkennt man beim **Kauf** daran, dass er knackige und frische Blätter hat, die keine dunklen Flecken aufweisen. Er soll sich auch fest anfühlen und sein Kopf sollte dicht geschlossen sein. Der Anschnitt darf nicht braun sein.

Chinakohl ist weniger lange **lagerbar** als Kopfkohl. Im Gemüsefach des Kühlschranks hält er sich nur maximal eine Woche. Dazu wickelt man ihn am besten in ein feuchtes Tuch und dann in Frischhaltefolie ein. Da er empfindlich auf das Reifungsgas Ethylen reagiert, sollte er nicht neben anderem Obst und Gemüse gelagert werden. Man kann ihn auch gut einfrieren, davor sollte man ihn kurz blanchieren.

**Küchentipps:** Besonders knackig ist Chinakohl, wenn man ihn vor der Zubereitung für eine halbe Stunde in den Kühlschrank legt. Die äußeren festen Blätter des Chinakohls können wie Spargel zubereitet werden.
Chinakohl kann sowohl roh als fein geschnittener Salat oder gekocht als Alternative zu Weißkohl gegessen werden.

Chinakohl ist das populärste Gemüse in Korea. Dort wird er auch gerne zu **Kimchi** verarbeitet. Dabei handelt es sich um durch Milchsäure fermentierten Chinakohl. Dazu wird Chinakohl scharf mit Chili, Knoblauch, Ingwer und Zwiebeln eingelegt. Die Koreaner reichen Kimchi zu fast jedem Essen.

Chinakohl zählt in den ostasiatischen Ländern zu den wichtigsten Gemüsesorten. Seines Aussehens wegen nennt man ihn auch **„Zahn vom weißen Drachen".**

# D wie ...

# DATTEL

*Phoenix dactylifera*

 Datteln sind die Früchte der weiblichen Dattelpalme. Sie zählen botanisch zu den **Beeren.** Die Bäume tragen nur alle zwei Jahre Früchte. Dann können sie aber einen jährlichen Ertrag von bis zu 100 kg haben. Dabei hängen bis zu 500 Einzelfrüchte an etwa 20 kg schweren Rispen. Sie reifen nicht alle zur selben Zeit und müssen deshalb nach der Ernte per Hand verlesen werden.

**Dattelpalmen** werden bis zu 30 Meter hoch und haben bis zu 40 Blätter, die etwa 4 Meter lang sind. Die Bäume können bis zu 200 Jahre alt werden. Ihr Ertrag ist im Alter von 40 bis 80 Jahren am höchsten. Für die Ernte genutzt können die Palmen bis zu 100 Jahre werden.

Es gibt etwa **1.500 verschiedene Sorten** von Datteln. Die Früchte können gelb, braun, rot und sogar schwarz gefärbt sein. Bei uns im Handel sind jedoch drei Sorten vorherrschend: Medjoul, Khidri und Deglet Nour. Letztere trägt übersetzt den Namen „Finger des Lichts".

Von den 7,6 Mio. Tonnen Datteln, die 2014 **weltweit produziert** wurden, kamen 1,47 Mio. aus Ägypten, 1,17 Mio. aus dem Iran, 930.000 aus Algerien und 767.000 aus dem Irak. Neben dem arabischen Raum gibt es auch Anbaugebiete im Süden der USA, in Mittel- und Südafrika sowie in Australien.

Der **europäische Hauptproduzent** von Datteln war 2014 mit 4.000 Tonnen Spanien.

 Dattelpalmen gehören zu den **ältesten Kulturpflanzen.** Archäologische Funde und babylonische Malereien weisen darauf hin, dass sie bereits vor

5.000 Jahren angebaut wurden. Die Frucht wurde vermutlich durch Karawanen nach Pakistan, Persien und nach Marokko gebracht.

**Nach Europa** gelangte die Dattel vergleichsweise früh durch die Mauren, die zu Beginn des 8. Jahrhunderts nach Südspanien kamen.

## ... *das kann ich*

- stärke Nerven und Konzentration (→ Tryptophan, Vitamin B5)
- sorge für guten Schlaf (→ Tryptophan)
- wirke kreislaufstärkend und blutdrucksenkend (→ Kalium)
- reguliere den Säure-Basen-Haushalt
- wirke antioxidativ und krebshemmend
- fördere die Verdauung und wirke entgiftend (→ Ballaststoffe)

Datteln sind eine ideale Nervennahrung. Sie enthalten viel **Tryptophan,** eine Aminosäure, die eine Vorstufe des Glücksbotenstoffes Serotonin ist. Ein Mangel an diesem stimmungsaufhellenden Botenstoff kann Depressionen, Angstkrankheiten und Schlafstörungen verursachen. Serotonin wird wiederum in das Schlafhormon Melatonin umgewandelt. Datteln können aufgrund ihres Tryptophan-Gehalts daher auch als natürliches Schlafmittel verwendet werden.

Zudem stärken Datteln auch die Konzentration, denn sie enthalten nennenswerte Mengen an **Vitamin B5** oder Pantothensäure. Das Vitamin sorgt außerdem für schöne und gesunde Haut.

Die Dattel ist eine der kaliumreichsten Früchte überhaupt und enthält etwa das Doppelte vom Gehalt in Bananen. **Kalium** wird vom Körper für die Regulation des Wasserhaushaltes sowie für das vegetative Nervensystem benötigt. Es hat außerdem eine blutdrucksenkende Wirkung und stärkt den Kreislauf.

Andere Mineralstoffe und Spurenelemente, die in den Früchten enthalten sind, sind Eisen, Zink, Magnesium, Kalzium, Phosphor und Kupfer. Aufgrund der Mineralstoffe wirken Datteln basisch und können so den **Säure-Basen-Haushalt** regulieren.

Weil Datteln viel Energie spenden und zudem Magnesium liefern, sind sie eine ideale **Nahrung für Sportler.**

Natürlich enthalten Datteln auch zahlreiche **antioxidativ** wirkende, sekundäre Pflanzenstoffe und Vitamine, darunter Lutein, Zeaxanthin und Carotine sowie die Vitamine A, B2, B3, B5 und B6. Sie alle dienen dem Zellschutz, da sie freie Radikale neutralisieren. Dadurch wirken sie nicht nur **entzündungshemmend,** sondern können auch verschiedenen Krebsarten vorbeugen.

Aufgrund ihrer vielen Ballaststoffe bringen Datteln die **Verdauung** in Schwung. Sie können sowohl Verstopfung als auch Durchfall lindern und auch den Magen beruhigen. Unter allen Obstsorten haben Datteln sowohl den höchsten Energie- als auch den höchsten Rohfasergehalt. Die Ballaststoffe wirken entgiftend und cholesterinsenkend, weil sie Giftstoffe und Cholesterin binden, die so vom Körper ausgeschieden werden können.

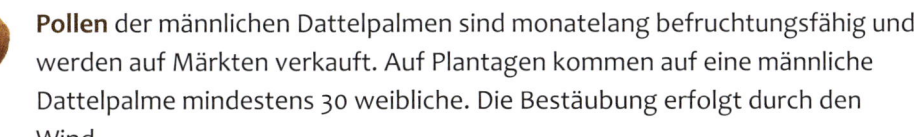 **Pollen** der männlichen Dattelpalmen sind monatelang befruchtungsfähig und werden auf Märkten verkauft. Auf Plantagen kommen auf eine männliche Dattelpalme mindestens 30 weibliche. Die Bestäubung erfolgt durch den Wind.

Datteln werden in **drei Qualitätsstufen** eingeteilt. Die hochwertigsten Datteln sind jene, die als vollständige Rispe noch mit Steinen verkauft werden. Dazu müssen die Einzelfrüchte einen gleichen Reifegrad aufweisen. Ansonsten werden sie als zweite Qualitätsstufe von der Rispe getrennt und entsteint verkauft. Die Datteln der niedersten Qualität werden zur längeren Haltbarkeit mit Glukose überzogen und samt Kern in Plastik verpackt.

Datteln werden weiters in **drei Kategorien** eingeteilt, in weiche, trockene und halbtrockene. Letztere sind bei uns meist in getrocknetem Zustand zu finden, da sie lange halten und trotzdem fein sind.

**Kauf und Lagerung:** Obwohl man in unseren Breiten hauptsächlich getrocknete Datteln zu kaufen bekommt, gibt es sie auch frisch im Handel. Beim Kauf frischer Datteln sollte man darauf achten, dass sie prall und glänzend aussehen und intensiv duften. Frische Datteln sind weich, saftig und weniger süß als getrocknete. Gelagert werden sie am besten im Kühlschrank. Da sind sie bis zu vier Wochen haltbar. Getrocknete Datteln sind im Kühlschrank sogar ein Jahr lang haltbar. Bei getrockneten Datteln kommt es während der Lagerung zur Auskristallisierung des Zuckers (weißer Belag), was ihre Konsistenz verändert, sie trockener macht und noch süßer schmecken lässt. Leider verlieren sie im Kühlschrank auch viel von ihrem Aroma. Tiefgekühlte Datteln sind nach dem Auftauen für etwa eine Woche im Kühlschrank haltbar.

**Vorsicht:** Häufig wurden „frische" Datteln, die man bei uns zu kaufen bekommt, in gefrorenem Zustand nach Europa geliefert.

Durch ihren hohen **Zuckergehalt** von bis zu 70% konservieren sich Datteln selbst und beginnen nicht zu faulen. Deshalb sind sie auch sehr lange haltbar. Je höher der Zuckergehalt, desto länger die Haltbarkeit.

Datteln tragen auch den Namen **„Brot der Wüste",** dies deutet auf ihren immensen Wert für die Ernährung der Wüstenvölker hin. Neben dem Verzehr der Früchte sowohl durch Menschen als auch Tiere werden Datteln in Nordafrika und dem Nahen und Mittleren Osten auch zu Sirup, Honig, Mehl, Alkohol und Essig verarbeitet.

Im Mittleren Osten und in Asien wird aus Datteln und/oder dem Saft des Palmbaumes eine Spirituose namens **Arrack** gebraut. Auch Dattelhonig und Palmwein kann man aus dem Saft der Früchte produzieren. Zudem wird Dattelsaftkonzentrat – aus der Frucht oder dem Stamm – als Süßungsmittel verwendet.

Die gerösteten Samen der Datteln können als **Kaffeeersatz** verwendet werden.

Das einzige europäische Anbaugebiet von Dattelpalmen liegt in Südspanien bei Elche. Seit 2000 zählt die dortige Landschaft zum **UNESCO-Weltkulturerbe.**

Angeblich wurde 2005 ein 2.000 Jahre alter **Dattelkern** zum Keimen gebracht. Entdeckt wurde besagter Kern bereits 1963 bei Ausgrabungen in der Festung Masada (Israel).

Der Spruch, dass Dattelpalmen **mit dem Fuß im Wasser und der Krone im Feuer des Himmels** stehen, weist darauf hin, dass sie am besten in feuchten, heißen und sonnigen Gegenden gedeihen.

Laut **Legende** hat Gott aus Lehm den Menschen geschaffen. Mit dem Rest des Lehms formte er angeblich ein Kamel und eine Dattel.

Im **Alten Testament** wird 60 Mal auf die Dattel verwiesen.

## Gefüllte Datteln

4 Portionen

| | |
|---|---|
| 100 g | Doppelrahmfrischkäse |
| 1,5 TL | geriebene Zitronenschale |
| 8 | große, getrocknete Datteln |
| 8 | Walnusskernhälften |

Doppelrahmfrischkäse mit geriebener Zitronenschale verrühren.
Datteln längs einschneiden und entsteinen. Frischkäse mithilfe eines Teelöffels in die Datteln füllen und mit je 1 Walnusskernhälfte belegen.
Dazu passt türkischer Kaffee oder Espresso.

**E** *wie ...*

# EDELKASTANIE

*Castanea sativa, Marone, Maroni, Esskastanie, Keste, Zahme Kastanie, Echte Kastanie*

**Heimische Erntezeit:** September

Die Edelkastanie gehört wie die Eichen und die Rotbuchen zur Familie der **Buchengewächse.** Sowohl die stacheligen Samenhüllen als auch die Kastanien selbst erinnern an Bucheckern. Auch wenn die Ähnlichkeit der stacheligen Früchte anderes vermuten lässt: die Edelkastanie ist mit der Rosskastanie nicht verwandt.

Die Bäume der Edelkastanie können bis zu 35 Meter hoch werden und ein Alter von **bis zu 600 Jahren** erreichen. In unseren Breiten werden sie jedoch kaum älter als 200 Jahre. Über hundertjährige Bäume werden innen oft hohl. Dementsprechend lange, nämlich etwa 20 Jahre, dauert es, bis die Bäume Blüten und Früchte bekommen.

In den stacheligen Hüllen der Früchte befinden sich bis zu drei Kastanien. Die Früchte sind botanisch gesehen **Nüsse.** Die Hülle nennt man Fruchtbecher.

Die **im Handel** erhältlichen Sorten werden unterteilt in gewöhnliche Esskastanien, Maronen und Dauermaronen.

- Esskastanien sind etwas größer als Maronen, rund und einseitig abgeflacht. Sie haben ein weniger feines Aroma und lassen sich schlecht schälen.

- Maronen sind herzförmig und intensiver im Geschmack. Sie bilden meistens nur eine Nuss pro Frucht. Außerdem lassen sie sich leichter schälen und sind auch länger haltbar.

- Dauermaronen sind den Maronen sehr ähnlich, jedoch bleiben sie länger am Baum und müssen im Gegensatz zu den anderen Esskastanien gepflückt werden, da sie nicht selbst vom Baum fallen.

Die **Hauptanbauländer** von Edelkastanien liegen im Mittelmeerraum. Vor allem Italien, Spanien, Portugal, die Türkei sowie Frankreich und Griechenland weisen nennenswerte Produktionsmengen auf.

Edelkastanien zählen zu den ältesten Nutzpflanzen überhaupt. Ihren **Ursprung** haben sie in Kleinasien, wo sie schon in prähistorischer Zeit gegessen wurden.

Mit der gezielten **Kultivierung** der Edelkastanie wurde vermutlich etwa 800 v. Chr. begonnen. In diese Zeit fällt auch in etwa die Verbreitung nach Nordafrika und Südeuropa.

In der **Antike** war die Edelkastanie von großer Bedeutung. Man stellte aus ihr Mehl und in Folge auch Brot her. Homer erwähnt sie in seinen Werken. Von den Griechen erhielten auch die Römer die Früchte und verbreiteten sie im Laufe der Jahrhunderte bis nach Britannien. Bereits damals wurden Edelkastanien auch als Heilmittel verwendet, wobei man hauptsächlich die Rinde sowie die Blätter und Blüten des Baumes nutzte.

Im **Mittelalter** waren Esskastanien in Europa ein wichtiges Grundnahrungsmittel. Vor allem in den Gegenden, in denen es zu kalt für Getreideanbau war (z.B. im Gebirge), wurden die Kastanien zu Mehl verarbeitet. In diesem Zusammenhang erhielt die Frucht auch den Namen **„Brot der Armen".** Für die jährliche Ernährung eines Erwachsenen veranschlagte man zumindest einen Kastanienbaum.

Mit der Industrialisierung und der damit einhergehenden Landflucht wurden Kastanien im **19. Jahrhundert** für die menschliche Ernährung immer weniger wichtig. In der zweiten Hälfte des 19. Jahrhunderts wurden sie sowohl durch die Tintenkrankheit, eine Pilzerkrankung, als auch durch Abholzung dezimiert.

Ihre große Bedeutung als Grundnahrungsmittel haben sie seitdem nicht wiedererlangt, jedoch steigt der **Baumbestand** von Edelkastanien in den letzten drei Jahrzehnten wieder kontinuierlich an.

## ... *das kann ich*

- sättige und reguliere den Blutzucker (→ Kohlenhydrate)
- enthalte eine Vielfalt an Vitalstoffen
- wirke basisch
- stärke Herz (→ Kalium) und Nerven (→ B-Vitamine)

Edelkastanien sind sehr sättigend und sorgen für einen stabilen **Blutzucker.** Für beides sind die komplexen Kohlenhydrate verantwortlich, die in der Frucht stecken.

In Edelkastanien sind Kohlenhydrate, Eiweiß, Mineralstoffe und Vitamine so geschickt kombiniert, dass wir in der Frucht fast alle **lebenswichtigen Nährstoffe** finden, darunter auch Phosphor, Magnesium, Folsäure und sogar Vitamin C. Damit sind Kastanien auch die einzigen Nüsse, die Vitamin C enthalten.
Aufgrund ihrer vielen Mineralstoffe wirken Edelkastanien basisch, sie können damit den Säure-Basen-Haushalt regulieren und Abhilfe bei übersäuertem Magen schaffen.

Ganz besonders erwähnenswert ist der hohe **Kalium**-Gehalt. Kalium ist nicht nur nötig für die Produktion von Magensäure, sondern auch für den Nerven- und Muskelaufbau. Damit sorgt Kalium auch für die Herzgesundheit.

In den Früchten stecken weiters verschiedene **B-Vitamine** (B1, B2, B3, B6), weshalb Edelkastanien auch als Nervennahrung dienen. Neben körperlicher und geistiger Erschöpfung kann der Verzehr der Nüsse auch bei Einschlafproblemen nützlich sein.

Greifen Sie **beim Kauf** zu Edelkastanien, die folgende Merkmale aufweisen: Sie sollten glatt, glänzend und prall sein und nicht zu leicht, denn das weist darauf hin, dass die Früchte nicht mehr frisch sind. Außerdem dürfen sie keine kleinen Löcher aufweisen, denn das deutet auf Wurmbefall hin.
Durch eine einfache Methode können wurmstichige Exemplare von den guten getrennt werden: Von Würmern befallene Früchte schwimmen im Wasser oben, während intakte Kastanien zu Boden sinken.

Edelkastanien können auch **eingefroren** werden. Dazu sollte man sie vorher für 15 min. in Salzwasser kochen. Im Gefrierschrank sind sie bis zu einem halben Jahr lagerbar.

Jeder kennt das Ärgernis, wenn sich die Kastanien **nicht schälen lassen** und sich die Samenhaut nur in Ministückchen von der Frucht lösen lässt. Der Trick ist, die Kastanien so heiß wie möglich zu schälen, denn beim Erkalten haftet die Samenhaut wieder stärker an der Frucht.

Man kann Edelkastanien auch **roh essen,** sie sind dann aber weniger leicht verdaulich.

Edelkastanien enthalten **kein Gluten.** Ihr Mehl ist also auch für Zöliakie-Patienten geeignet.

Auch heute noch werden Kastanienmehl und -flocken häufig in der **Italienischen, Schweizer** und **Korsischen Küche** verwendet. Auf Korsika und in der Schweiz wird aus Kastanien Bier gebraut, in Frankreich und Italien macht man daraus Likör.

Das **Wort *Marroni*** stammt aus dem 12. Jahrhundert und bezeichnete in der Lombardei die Edelkastanien von bester Qualität.

Zur **Verbreitung** von Edelkastanien tragen unter anderem Eichhörnchen, Siebenschläfer und Krähen bei. Vergessen die Tiere auf ihre Nahrungsvorräte, die sie im Boden verscharrt haben, so können diese im Frühjahr austreiben.

Die Edelkastanie ist der **Baum des Jahres 2018.**

Die **größte** bekannte Edelkastanie steht auf Sizilien. Sie trägt den Namen *Castagno dei Cento Cavalli*, also „Kastanienbaum der hundert Pferde", und ihr Alter wird auf sage und schreibe 2.000 Jahre geschätzt.

**Hildegard von Bingen** empfahl Edelkastanien gegen „Herzschmerz".

Im Gegensatz zu Edelkastanien sind **Rosskastanien** nicht genießbar. Unreife Früchte und Schalen sind sogar leicht giftig.

# Edelkastaniencremesuppe

4 Portionen

|  |  |
|---|---|
| 400 g | Edelkastanien (frisch oder aus der Dose) |
| 1 | Schalotte |
| 1 EL | Olivenöl |
| 1,5 l | Gemüsesuppe |
| 2 Stiele | Thymian |
| 150 ml | Obers |
| 1 | kl. Kartoffel (gerieben) |
|  | Salz, Pfeffer, Muskatnuss |

Edelkastanien schälen und in Stücke schneiden (alternativ jene aus der Dose). Schalotte schälen und ebenfalls klein schneiden, in Öl hell anrösten. Edelkastanien beimengen und kurz mitrösten. Suppe hinzufügen, Thymian beigeben und alles ca. 30 min. köcheln lassen. Danach das Obers und die geriebene Kartoffel hinzugeben und noch einmal aufkochen lassen. Mit einem Stabmixer pürieren und mit Salz, Pfeffer und Muskatnuss abschmecken.

**F** *wie ...*

# FEIGE

*Ficus carica, Echte Feige*

 Der Feigenbaum zählt zu den **Maulbeergewächsen.**

Bereits ab dem zweiten Jahr können Feigenbäume bis zu einem Alter von 50 Jahren Früchte tragen. Je nach Sorte ist deren Haut gelb, grün, violett oder rotbraun. Das Fruchtfleisch hat eine Farbe zwischen Hellrosa und kräftigem Rot.
Feigenbäume können bis zu **dreimal jährlich Früchte** tragen. Im Mittelmeerraum werden sie üblicherweise zweimal im Jahr geerntet. Die Früchte der ersten Ernte, die im Juni oder Juli stattfindet, sind etwas größer, dafür aber weniger süß als die Früchte der Haupternte im Spätsommer.

Feigenbäume bilden keine nach außen sichtbaren **Blüten** aus. Die Blüten befinden sich stattdessen in etwa vier Zentimeter großen runden Trieben.

Im Jahr 2014 wurden weltweit **1,14 Mio. Tonnen Feigen** produziert. Mehr als ein Viertel davon, nämlich 300.000 t kamen aus der Türkei, 180.000 t stammten aus Ägypten, gefolgt von Algerien und Marokko mit je 130.000 t. Größter europäischer Produzent war Spanien mit 30.000 t. Außerhalb des Mittelmeerraums gibt es auch Feigenanbau in Kalifornien, Südafrika, Australien, Neuseeland, China, Chile und Mexiko.

Die Echte Feige benötigt warme Sommer und **milde Winter.** Aufgrund letzterer können Feigen sogar in Südengland gedeihen.

Während Wildformen des Feigenbaums bis zu 10 Meter hoch wachsen, werden erwerbsmäßig **kultivierte Feigenbäume** meist in ihrem Wachstum auf maximal 4 Meter begrenzt. Daher ist der Baum, der sehr lange Äste hat, oft breiter als hoch.

Während Feigen im Sommer aus den Mittelmeerländern **importiert** werden, stammt die Importware im Winter meist aus Brasilien, Kalifornien oder Australien.

Man vermutet die **ursprüngliche Heimat** der Echten Feige in Vorderasien. Belegt ist, dass sie von den Assyrern in Mesopotamien bereits vor 7.000 Jahren kultiviert wurde. Sie zählt damit zu den ältesten domestizierten Nutzpflanzen.

Auch im alten Ägypten wurden Feigen kultiviert. Sie sollen auch in den Hängenden Gärten von Babylon gewachsen sein und die Lieblingsfrüchte von **Kleopatra** gewesen sein.

Bereits seit der **Antike** werden Feigen im gesamten Mittelmeerraum angebaut. Man vermutet, dass die Feige eine der ersten kommerziell angebauten Früchte war.

In **Griechenland** war die Feige dem Gott Dionysos (Gott des Weines, der Freude, der Trauben und der Fruchtbarkeit) geweiht. Der Frucht wurde eine aphrodisierende Wirkung nachgesagt und man schätzte sie so sehr, dass es Exportverbote auf Feigen bester Qualität gab.

Im Mittelalter wurde **Feigenholz** bevorzugt zur Herstellung von Holztafeln für die Malerei verwendet.

## ... das kann ich

- wirke verdauungsfördernd (→ Ballaststoffe, Ficain)
- bin reich an Mineralstoffen
- fördere die Blutbildung (→ Eisen, Folsäure)
- schütze Haut und Haare (→ Vitamin A, Vitamin B7)
- lindere Insektenstiche (→ Ficain)

Feigen enthalten eine große Menge an verdauungsfördernden **Ballast-stoffen,** die vor allem in den kleinen Kernen konzentriert sind. Damit wirken Feigen, vor allem auch getrocknete, gegen Verstopfung. Die Verdauung wird zudem durch das eiweißspaltende Enzym **Ficain** unterstützt. Die Ballaststoffe können außerdem Cholesterin binden und regulieren damit den Cholesterinspiegel.

Auch an **Mineralstoffen** sind Feigen reich. Sie enthalten viel Magnesium, das für den Energiehaushalt und die Zellregeneration wichtig ist. Auch Kalium, das den Blutdruck reguliert, und **Eisen,** das für die Blutbildung bedeutsam ist, sind zu finden. Daneben weisen sie noch nennenswerte Mengen an Phosphor auf.

An Vitaminen sind in Feigen unter anderem **Vitamin A** enthalten, das für die Gesunderhaltung von Haut, Schleimhäuten und Augen sorgt, und B-Vitamine, die der Regulierung des Stoffwechsels dienen und unsere Nerven stärken. Vor allem **B7** (Biotin) und B9 (Folsäure) sind erwähnenswert, denn während ersteres für gesunde Haut, Haare und Nägel sorgt, wird **Folsäure** für die Zellteilung und Blutbildung benötigt.

Die in Feigen enthaltenen Flavonoide Rutin und Quercetin senken darüber hinaus das Risiko von **Herz-Kreislauf-Erkrankungen.**

Der weiße Saft aus den Blättern und Zweigen der Feige wird traditionell als Mittel gegen **Insektenstiche** und **Warzen** verwendet. Der Milchsaft enthält ebenfalls das Enzym Ficain, das Eiweiß spaltet. In der Volksmedizin werden Feigen zudem bei Halsschmerzen und Husten angewandt, was vermutlich auf antibakterielle Eigenschaften zurückgeführt werden kann.

**Hildegard von Bingen** war keine Liebhaberin der Feige. Während sie den Blättern und Wurzeln zwar Heilwirkung gegen Kopfschmerzen und Augenleiden zugestand, war sie der Meinung, dass ein Gehstock aus dem weichen Feigenholz zu einer Schwächung des menschlichen Körpers führen würde, und empfahl daher eher Spazierstöcke aus dem harten Kastanienholz.

Da die Früchte empfindlich sind, werden Feigen für den Frischverzehr **händisch geerntet.** Die Früchte reifen nach der Ernte nicht mehr nach.

Feigen werden meist **direkt am Baum getrocknet** und erst geerntet, wenn sie zumindest 30 bis 50% ihres Wassers verloren haben. Man kann sie auch industriell trocknen, das macht sie sogar länger haltbar, aber geschmacklich stehen industriell getrocknete den am Baum getrockneten nach. Getrocknete Feigen haben einen Zuckergehalt von etwa 60%.

**Kauf und Lagerung:** Beim Kauf sollten frische Feigen weich, aber nicht matschig und vor allem noch intakt sein. Auf leichten Druck sollten sie nachgeben. Sie lassen sich leider nur wenige Tage, da aber am besten im Kühlschrank lagern. Getrocknete Feigen sind hingegen mehrere Monate haltbar.

Obwohl es eher unüblich ist, kann die **Haut der Feigen** ohne Weiteres mitgegessen werden. Mag man sie nicht, kann man Feigen wie Kiwis auslöffeln.

In der bäuerlichen Bevölkerung der Mittelmeerländer zählen getrocknete Feigen nach wie vor als fixer Bestandteil zum **Vesperbrot** (Nachmittagsmahlzeit). Gemeinsam mit Nüssen dienen sie als Mittagssnack von Hirten und Landarbeitern.

Aus Feigen wird auch **Dessertwein** hergestellt.

Außerdem dienten geröstete Feigen als **Kaffeeersatz.**

In der **griechischen Mythologie** gibt es verschiedene Legenden zum Ursprung der Feige. Laut erster Überlieferung hat Dionysos den Feigenbaum entdeckt. Eine andere Legende besagt, dass Demeter, die Göttin der Fruchtbarkeit, die Feige nach Griechenland gebracht habe. Wieder eine andere Erzählung behauptet, der Feigenbaum sei aus dem Blitz des Göttervaters Jupiters entstanden.

Die Feige spielt auch eine erwähnenswerte Rolle in der **Bibel.** Sie ist die erste Pflanze, die namentlich genannt ist, und die einzige namentlich erwähnte im Garten Eden. Mit Feigenblättern sollen Adam und Eva ihre Scham verhüllt haben, nachdem sie vom Baum der Erkenntnis gegessen hatten und ihnen bewusst geworden war, dass sie nackt waren.

In Südeuropa gibt es eine weitverbreitete Geste, die man mit **„jemandem die Feige zeigen"** übersetzen kann. Dabei wird der Daumen zwischen Zeige- und Mittelfinger geschoben. Verwendet wird die Geste, um eine Zumutung zurückzuweisen, aber auch als Abwehr von Bösem.

Die Feige gilt allgemein als **Symbol des weiblichen Geschlechts.** Feigenholz wurde in der Geschichte auch gerne zur Herstellung kultischer Phallusskulpturen verwendet.

Der urwienerische Ausdruck „mit der Feig'n hausieren gehen" ist eine Umschreibung der Prostitution. Ein Schürzenjäger wird im Wienerischen auch als **„Feig'n-Tandler"** bezeichnet.

## Feigen-Senf

350 g  Feigen
3 EL  Aprikosen-Konfitüre
2 EL  Senfkörner
75 ml  Obstessig
2 EL  brauner Zucker
1 TL  Senfpulver
1 EL  Pfefferkörner

Feigen waschen, Stiele abschneiden, Früchte in Stücke schneiden.
Mit Konfitüre, Senfkörnern, Essig, Zucker, Senfpulver und Pfefferkörnern in einem Kochtopf ca. 15 min. köcheln.
Heiß in Gläser füllen und gut verschließen.

Passt ausgezeichnet zu Käse.

# FELDSALAT

*Valerianella locusta, Vogerlsalat, Ackersalat, Rapunzel, Nüssli, Mäuseöhrchen(salat), Sunnewirbeli*

**Heimische Erntezeit:** September bis Mai

Der Feldsalat gehört zur Familie der **Baldriangewächse.**

Das Besondere am Feldsalat ist, dass er sehr **frostverträglich** ist. Je nach Sorte hält er bis zu -15 °C aus.

Der Feldsalat ist in Europa, Asien und dem Norden Afrikas **beheimatet.** In diesen Gegenden findet man ihn auch wild wachsend, z.B. als Ackerunkraut, in Weingärten oder an Wegrändern.

Seit einigen Jahren wird im Supermarkt gelegentlich auch der **„Rote Feldsalat"** angeboten. Dabei handelt es sich jedoch um sehr jung geernteten, rotblättrigen Romanasalat.

Über den eigentlichen **Ursprung** des Feldsalates gibt es unterschiedliche Meinungen. Manche vermuten ihn im südlichen Europa auf Sardinien und Sizilien, andere gehen davon aus, dass er im kühleren nördlichen Eurasien liegt.

Vom Menschen wurde der Feldsalat jedoch schon in der **Steinzeit** als Nahrungsmittel genutzt. Man pflückte die an Wegrändern und in Wiesen wild wachsenden Pflänzchen. Es gibt sogar Hinweise darauf, dass der Salat im Alpenvorland bereits in der Jungsteinzeit und Bronzezeit gezielt angebaut wurde. Darauf lassen Funde von Feldsalat-Samen schließen.

Die Kultivierung des Feldsalates wurde in Europa jedoch erst wieder im **20. Jahrhundert** aufgenommen. Vorreiter waren vor Deutschland Frankreich und die Schweiz. Mittlerweile wird der Salat auch in England, Italien und den Niederlanden kultiviert.

... *das kann ich*

- bin nützlich für Haut, Schleimhaut und Augen (→ Beta-Carotin)
- unterstütze die Abwehrkräfte (→ Vitamin C)
- bin ein ausgezeichneter Eisen-Lieferant
- bin eine pflanzliche Jod-Quelle
- wirke beruhigend

Der Feldsalat enthält mehr **Beta-Carotin** und **Vitamin C** als alle anderen Salatsorten. Sein Vitamin-C-Gehalt ist fast doppelt so hoch wie der von Kopfsalat. Beta-Carotin, auch Provitamin A genannt, wird im Körper zu Vitamin A umgewandelt, das wichtig für die Gesunderhaltung der Haut und Schleimhäute sowie der Augen ist. Vitamin C ist ein Antioxidans und ein guter Abwehrschutz vor Infektionen.

Weiters ist Feldsalat ein bedeutender **Eisen**-Lieferant und kann diesbezüglich sogar fast mit der Petersilie mithalten. Die Kombination von Eisen und Vitamin C ist ganz besonders nutzbringend, da der menschliche Körper für die Aufnahme von Eisen Vitamin C benötigt.

Auch **Folsäure** (Vitamin B9) ist in höheren Mengen in Feldsalat enthalten. Dieses Vitamin benötigen vor allem Schwangere und Stillende in größeren Mengen.

Zudem gilt Feldsalat als beste pflanzliche **Jod**-Quelle, weshalb er vor allem für Vegetarier zu empfehlen ist und für Menschen, die Fisch nicht mögen.

Der zu den Baldriangewächsen gehörende Feldsalat enthält das ätherische **Baldrian-Öl,** wodurch er beruhigend wirkt. Zur Förderung des Schlafes wurde Feldsalat früher als Abendmahlzeit empfohlen. Es ist auch für die **venenstärkende** Wirkung verantwortlich.

Da Feldsalat in der Regel gut verträglich ist, gehört er zu jenen Salatsorten, die bei verschiedenen Allergien oder **Intoleranzen** empfohlen werden. So kann Feldsalat auch bei Histaminintoleranz oder Problemen mit Fructose bedenkenlos gegessen werden.

Der Feldsalat bringt auch einen gesundheitlichen Nachteil mit sich. Sein Gehalt an **Oxalsäure** kann nicht nur die Nieren, sondern auch Knochen und Zähne schädigen. Personen, die diesbezügliche gesundheitliche Probleme haben, sollten deshalb lieber Abstand von ihm nehmen.

Leider speichert Feldsalat auch **Nitrat.** Dies wäre an und für sich nicht weiter schlimm, wenn es im menschlichen Körper nicht an der Bildung von Nitrosaminen beteiligt wäre. Diese sind nämlich krebserregend. Je mehr Sonne der Feldsalat bekommt, desto mehr Nitrat kann er selbst abbauen. Empfehlenswert ist deshalb eine Ernte des Salates am Abend eines sonnigen Tages. Beim Kauf sollte Feldsalat aus dem Freilandanbau bevorzugt werden, und am besten aus kontrolliertem biologischem Anbau, da hier kein zusätzliches Nitrat als Düngemittel verabreicht wurde.

**Lagerung:** Feldsalat ist nicht lange haltbar und wird schnell welk. Um zu vermeiden, dass er durch Kondenswasser matschig wird, sollte man ihn nicht luftdicht verpackt lagern. Im Gemüsefach des Kühlschranks kann man ihn ungewaschen nur wenige Tage aufbewahren.

Kaum nachvollziehbar ist es, dass die Mutter des ungeborenen **Mädchens Rapunzel** im gleichnamigen Märchen der Gebrüder Grimm so großen Appetit auf einfachen Feldsalat hat, dass sie sogar ihr Erstgeborenes gegen den Rapunzelsalat der Nachbarin eintauscht. Das arme Mädchen erhält daraufhin nicht nur den Namen Rapunzel, sondern wird auch noch in einen Turm gesperrt. Indirekt geht die Geschichte aus den Grimm'schen Kinder- und Hausmärchen auf das Märchen „Petrosinella" des italienischen Schriftstellers Giambattista Basile (1575–1632) zurück.

**G** *wie ...*

# GEWÜRZNELKE

*Syzygium aromaticum, Nelke, Nägili*

Gewürznelken sind die getrockneten Blütenknospen des **Gewürznelken-baumes** aus der Familie der Myrtengewächse. Der Baum ist immergrün und kann bis zu 10 Meter hoch werden.

Während die ursprüngliche Heimat des Gewürznelkenbaumes auf den „Gewürzinseln", den Molukken, einer indonesischen Inselgruppe, liegt, werden sie heute **weltweit angebaut.** Nelken von höchster Qualität stammen jedoch nach wie vor von den Molukken, aber auch aus Sansibar (Insel Pemba) und Madagaskar.

Gewürznelken werden **von Hand gepflückt,** und zwar werden die Knospen des Gewürznelkenbaumes noch vor dem Erblühen geerntet, zu einem Zeit-punkt, an dem sie sich zwar bereits rosa färben, aber noch keine Blütenblät-ter ausgebildet haben. Anschließend werden sie getrocknet, wodurch sie drei Viertel ihres Gewichtes verlieren.

Gewürznelken waren schon in der **Antike** in Gebrauch. In China ist ihre Ver-wendung seit dem 3. Jahrhundert v. Chr. belegt. Funde von Gewürznelken als Grabbeigaben beweisen auch ihre Nutzung im antiken Ägypten.

Erst seit dem **frühen Mittelalter** kennt man Gewürznelken auch in Europa, wo sie zur Stärkung der Leber, des Magens und des Hirns eingesetzt wurden. Lange Zeit hatten die Niederländer ein Monopol auf den Gewürznelken-Han-del, da das Gewürz aus Indonesien über die Häfen in Amsterdam und Rotter-dam nach Europa eingeführt wurde.

## ... das kann ich

- wirke keimtötend und desinfizierend (→ Eugenol)
- baue Wasseransammlungen im Körper ab
- wirke antiseptisch und antioxidativ
- senke den Eisengehalt im Blut
- wirke positiv auf Gehirnleistung und Stimmung

Verantwortlich für das Aroma der Gewürznelken, aber auch für einen Großteil der positiven gesundheitlichen Wirkung ist das ätherische Öl **Eugenol,** das keimtötend und stark desinfizierend wirkt, weshalb Gewürznelken bei Entzündungen vor allem im Mund- und Nieren-Blasen-Bereich eingesetzt werden können. Auch Zahnschmerzen kann das Kauen von Gewürznelken lindern. Dabei hinterlassen sie ein leicht taubes Gefühl im Mund.

Ein weiterer Anwendungsbereich von Gewürznelken ist der Abbau von **Wasseransammlungen.**

Die **antiseptischen** Gewürznelken wirken auch regulierend auf den Magen-Darm-Trakt. Studien belegen, dass sie sogar zur Vertreibung von Darmparasiten beitragen können.

Gewürznelken wirken stark antioxidativ und zählen laut Untersuchungen zu den besten natürlichen **Antioxidantien.** Die in ihnen enthaltenen Phenolverbindungen können unsere Zellen vor freien Radikalen und damit vor frühzeitiger Zellalterung schützen.

Eine Besonderheit von Gewürznelken ist außerdem, dass sie den **Eisengehalt im Blut senken** können. Während mehr Menschen unter Eisenmangel als unter Eisenüberschuss leiden, ist letzterer äußerst schädlich für den Körper, denn das überschüssige Eisen lagert sich in Organen und Gelenken ab, was zu schweren Leberschäden und Arthritis führt.

Seit Jahrhunderten schätzt man die fördernde Wirkung der Gewürz-nelken auf die Gehirnleistung. Den ätherischen Ölen wird zudem positive Wirkung auf unsere Stimmung nachgesagt, weshalb sich ein paar Tropfen Nelkenöl in einer Duftlampe hervorragend als **Stimmungs-Booster** eignen.

Der **Name Nelke** leitet sich vom mittelniederdeutschen *negelkîn* für Nägelchen ab und basiert auf ihrer Nägeln ähnlichen Form.

Frische Gewürznelken **von hoher Qualität** erkennt man daran, dass sie bei Druck etwas Öl absondern. Schwimmtest: Hochwertige Nelken sinken im Wasser oder schwimmen quasi aufrecht mit dem Stiel nach unten. Bereits ausgetrocknete Gewürznelken schwimmen waagrecht auf der Wasser-oberfläche.

Gewürznelken sind u. a. Bestandteil diverser **Gewürzmischungen** wie dem chinesischen Fünf-Gewürze-Pulver, dem Ras el-Hanout aus Marokko, dem arabischen Kaffeegewürz und dem indischen Currypulver.

In Indonesien gibt es sogenannte **Nelkenzigaretten.** Sie haben den indonesischen Namen Kretek, sind bei uns aber vor allem unter dem Markennamen Gudang Garam bekannt. Der Tabak dieser Zigaretten enthält bis zu 40% geschrotete Gewürznelken.

Die antibakteriell wirkenden Gewürznelken sind ein Hausmittel **gegen Mundgeruch,** das schon im alten China eingesetzt wurde. Besucher des Kaisers mussten stets eine Nelke lutschen.

Falls Sie sich schon einmal gewundert haben, warum es im Lied „Guten Abend, gut' Nacht" heißt **„mit Näglein besteckt"** – gemeint sind damit keine Nägel, mit denen die Decke befestigt wird, sondern die wohlduftenden Nelken, die mit ihren ätherischen Ölen antiseptisch und Insekten abwehrend wirken sollen. Dieses Lied wurde übrigens zum ersten Mal von Clemens Brentano und Achim von Arnim in ihrer Sammlung von Volkstexten „Des Knaben Wunderhorn" zwischen 1805 und 1808 veröffentlicht.

G wie ...

# GRANATAPFEL

*Punica granatum, Grenadine*

Der Granatapfel zählt zur Familie der **Weiderichgewächse.** Es handelt sich dabei um einen dicht verzweigten, meist dornigen drei bis fünf Meter hohen Baum.

Er wird seit Tausenden Jahren als **Zier- und Nutzpflanze** angebaut. Man vermutet, dass die Heimat seiner Urform in Südosteuropa oder Vorderasien liegt. Eine andere Theorie um den Ursprung des Granatapfels ist, dass seine Urform der Sokotra-Granatapfel ist. Dabei handelt es sich um eine Frucht, die einen sehr bitteren Geschmack aufweist und nur auf der Insel Sokotra, die vor dem Horn von Afrika liegt, wächst.

Die roten bis rötlich-braunen Granatapfel-Früchte sind kugelförmig und haben einen Durchmesser von fünf bis zwölf Zentimetern. Äußerlich erinnern sie an Äpfel, worauf auch ihr Name hinweist. Botanisch gehören sie aber zu den **Beerenfrüchten.** Sie haben im Inneren mehrere Kammern, die viele Samen enthalten, von denen jeder mit Fruchtfleisch umgeben ist.

**Verbreitet** ist der Granatapfel in Asien, im Nahen Osten, in Nordafrika, aber auch in Spanien. Mittlerweile wird er auch in den USA, in Südamerika, Südafrika und Australien kultiviert. Da die Pflanze kälteempfindlich ist und Temperaturen unter 12 °C nicht verträgt, wird sie nicht in Mittel- und Nordeuropa oder Nordasien angebaut.

Zu den größten **Exportländern** gehören neben Israel und dem Iran Spanien und Marokko. Geerntet wird der Granatapfel dort zwischen September und Dezember und kann damit als Winterfrucht genossen werden.

Von den etwa **500** verschiedenen **Granatapfel-Sorten** sind nur wenige zum Verzehr geeignet.

**H** Es wird vermutet, dass der Granatapfel eine der ersten kultivierten Obst-
pflanzen ist und bereits **3500 v. Chr.** im Iran, dem Gebiet um den Himalaya,
angebaut wurde. Es galt als Schönheitselixier.

Im **alten Ägypten** schätzte man nicht nur den Geschmack des Granatapfels,
man verwendete ihn auch als Wurmmittel und benutzte seine Schale zum
Färben von Leder.
Auch im antiken Rom und Griechenland war der Granatapfel bekannt.

Der Granatapfel gelangte im Zuge der **spanischen Kolonialisierung** in die
Karibik und nach Südamerika.

In Europa galt der Granatapfel lange Zeit in erster Linie als **Symbol für Macht**
und weniger als Nahrungsmittel.

**G** ... *das kann ich*

- habe antioxidative Wirkung (→ Polyphenole, Flavonoide)
- wirke krebsvorbeugend (→ Luteonin, Ellagsäure)
- wirke antibakteriell, entzündungshemmend und schmerzstillend
- lindere Bluthochdruck
- senke den Blutzuckerspiegel
- lindere Wechselbeschwerden (→ Phytoöstrogen)

Granatäpfel zählen zu den größten Antioxidantien-Quellen und sollen
dabei sogar Rotwein und Traubensaft in den Schatten stellen. Neben
dem Antioxidans Vitamin C enthält der Granatapfel viele gesund-

heitsfördernde sekundäre Pflanzenstoffe. Die in ihm enthaltenen **Polyphenole** und **Flavonoide** können unsere Körperzellen effektiv vor schädlichen Einflüssen schützen. Deshalb wirken die Früchte auch entzündungshemmend und schützen vor Gefäßkrankheiten.

Aber damit nicht genug: Da sie oxidativen Stress im menschlichen Körper reduzieren, wirken sie auch krebsvorbeugend. Laut einer kalifornischen Studie sollen vor allem die sekundären Pflanzenstoffe **Luteonin** und **Ellagsäure** im Granatapfel bei Brustkrebs nützlich sein und sogar imstande sein, die Metastasenbildung zu hemmen. Auch bei Lungen-, Haut-, Darm- und Prostatakrebs hemmt der Granatapfel-extrakt laut Studien das Tumorwachstum.

Außerdem können Granatäpfel gegen **Bluthochdruck** und zu hohen **Blutzucker** eingesetzt werden.

Weil der Granatapfel auch **Phytoöstrogen** enthält, kann er auch bei Wechselbeschwerden (Hormonsubstitution) und Menstruations-störungen unterstützend wirken.

**①** **Granatapfel-Flecken** auf Textilien sind aufgrund der enthaltenen Gerbsäure ähnlich wie Rotweinflecken sehr hartnäckig.

Wie gelangt man an die **Granatapfelkerne?** Am besten schneidet man das „Krönchen" am oberen Ende der Frucht und auch das untere Ende dünn ab. Anschließend ritzt man die Frucht rundherum – am besten entlang von Trenn-wänden – ein. Von oben kann nun der Fruchtstamm herausgelöst werden. Nun kann der Granatapfel auseinandergebrochen werden und die Kerne sind frei zugänglich.
**Tipp:** Um sich das lästige Pulen kleiner Stücke der Schutzhäute, die auf den Kernen kleben, zu sparen, kann man die Kerne in eine Schüssel Wasser geben, die Häute lösen sich und schwimmen an der Oberfläche.

Aus dem Saft wird auch Sirup gewonnen. **Grenadinesirup** ist aufgrund seines Geschmacks und seiner tiefroten Farbe häufig Bestandteil fruchtiger Cock-tails wie etwa des Tequila Sunrise.

Mit Granatapfel-Schalen wurden traditionell Orientteppiche gefärbt. Ebenso wurden sie in Indien zum **Färben** von Wolle verwendet. Kurioserweise können mit einem Extrakt aus der Wurzel des Granatapfelbaumes tiefblaue Farbtöne erzeugt werden.

Der **lateinische Name** *Punica granatum* geht auf die Phönizier zurück. Da sie den Granatapfel im Römischen Reich verbreitet haben, wurde er von den Römern *Malus punica*, Punischer Apfel, genannt. Der Zusatz *granatus* bedeutet körnig oder kernreich.

In der **griechischen Mythologie** ist der Granatapfel die Speise der Götter. Auch in einer mythologischen Geschichte spielt die Frucht eine große Rolle: Hades, der Gott der Unterwelt, entführte Persephone und nahm sie zu sich in die Unterwelt. Zeus, der Göttervater, versprach, dass Persephone zurück zu ihrer Mutter Demeter kehren dürfe, solange sie in der Unterwelt nichts esse. Kurz vor ihrer Rückkehr schob Hades dem Mädchen jedoch sechs Granatapfelkerne in den Mund. Persephone musste daraufhin zumindest ein Drittel des Jahres in der Unterwelt verbringen. In dieser Zeit trauert ihre Mutter Demeter, die Göttin, die für die Fruchtbarkeit der Erde zuständig ist, um sie, und wir erleben den Winter.

Der Granatapfel selbst ist ein **Symbol** für Leben und Fruchtbarkeit, ebenso aber auch für Macht, Blut und Tod.
Im alten Rom schmückten sich junge Frauen mit Kränzen aus Granatapfelzweigen und erhofften sich dadurch reichen Kindersegen.

Weil der perfekte Granatapfel genau 613 Kerne enthalten soll, was der Anzahl der Gebote in der jüdischen Thora entspricht, gilt die Pflanze im **Judentum** als heilig.

Sowohl im **Koran** als auch in der **Bibel** wird der Granatapfel als „Frucht des Paradieses" bezeichnet. Verschiedene Wissenschaftler vermuten auch, dass der Apfel, den die Schlange Eva im Garten Eden zu essen gegeben hat, in Wirklichkeit ein Granatapfel war.

In Griechenland lässt man zu Silvester Granatäpfel zu Boden fallen, sodass sie zerplatzen. Dies soll **Glück** bringen. Dieselbe Tradition gibt es im Iran bei Hochzeiten.

In **Aserbaidschan** findet jährlich im Oktober ein Granatapfelfest statt, bei dem ausschließlich Gerichte serviert werden, die Granatäpfel enthalten.

Die spanische Stadt **Granada** ist nach dem spanischen Namen für Granatapfel, *granada*, benannt.

Auch Shakespeare erwähnt den Granatapfel in seinem Werk **„Romeo und Julia".** Die berühmte Nachtigall, die eigentlich eine Lerche ist und das Liebespaar weckt, sitzt nämlich singend in einem Granatapfelbaum.

# Granatapfel-Limonade

|         |                               |
|--------:|-------------------------------|
| 3       | Granatäpfel                   |
| 130 g   | Zucker                        |
| 1 kl. Bd. | Petersilie                  |
|         | Mineralwasser (zum Aufgießen) |

Granatäpfel halbieren und mit einer Zitronenpresse auspressen. Den Saft mit dem Zucker aufkochen und bei schwacher Hitze 10 min. köcheln lassen.
Petersilienblätter von den Stielen zupfen und in den Granatapfelsaft geben. Über Nacht im Kühlschrank ziehen lassen, anschließend durch ein feines Sieb gießen und in eine gut verschließbare Flasche füllen.

Den Granatapfel-Ansatz mit Mineralwasser (es eignet sich auch Prosecco) aufgießen und genießen.

# HEIDELBEERE

*Vaccinium myrtillus, Blaubeere, Schwarzbeere,
Waldbeere, Moosbeere, Heubeere, Wildbeere*

**Heimische Erntezeit:** Juni bis September

Es gibt bis zu 500 verschiedene *Vaccinium*-**Arten.** Sowohl die Waldheidelbeere als auch die Kulturheidelbeere sind hauptsächlich auf der Nordhalbkugel verbreitet. Waldheidelbeeren wachsen bevorzugt in Heidelandschaften und in lichten Wäldern. Die Sträucher werden bis zu 30 Jahre alt.
Die Heidelbeere ist sowohl in den nördlichen Gebieten Europas und Asiens als auch in Nordamerika heimisch. Jedoch handelt es sich dabei um unterschiedliche Arten.

Die **Kulturheidelbeere** wurde im Laufe des 20. Jahrhunderts gezüchtet. Sie unterscheidet sich von der bei uns heimischen Waldheidelbeere in mehreren Punkten. Sowohl die Sträucher als auch die Beeren sind größer. Zudem haben die Beeren ein festeres und helleres Fruchtfleisch. Weil im Fruchtfleisch kaum Anthocyane (blaue Farbstoffe) enthalten sind, färben sie auch nicht so sehr wie Waldheidelbeeren.

2014 wurden weltweit **526.000 Tonnen** Heidelbeeren geerntet. Größtes Produktionsland waren die USA mit 263.000 t. Weitere 180.000 t stammten aus Kanada. Weit abgeschlagen folgte Mexiko mit nur 18.000 t. Dann erst folgten Polen und Deutschland mit jeweils etwa 12.000 t.

In den Wintermonaten erfolgt der **Import** bei uns aus Chile, Argentinien, Neuseeland, Australien und Südafrika.

Bereits in der **Antike** wurde die Heidelbeere zur Behandlung von Erkrankungen der Harnwege, Nieren und der Leber eingesetzt. Man verwendete sie im alten Rom auch zum Färben von Textilien.

Auch die **amerikanischen Ureinwohner** nutzten Heidelbeeren zu Heilzwecken. Außerdem bereiteten sie aus den getrockneten Beeren eine Art Fruchtriegel.

Die Kulturheidelbeere stammt nicht von unserer heimischen Waldheidelbeere ab, sondern ist eine Züchtung aus den beiden amerikanischen Arten *Vaccinium corymbosum* und *Vaccinium angustifolium*. Ab Beginn des 20. Jahrhunderts wurden Heidelbeerpflücker aus New Jersey dazu angehalten, besonders großfruchtige Pflanzen aus den Wäldern mitzubringen. So entstand die erste Heidelbeerzucht und daraus die **heutige Kulturheidelbeere** „Northern Highbush Blueberry".

... *das kann ich*

- lindere Durchfall (→ Gerbstoffe)
- wirke entzündungshemmend (→ Gerbstoffe, Anthocyane)
- wirke antioxidativ (→ Anthocyane)
- schütze vor Arteriosklerose (→ Anthocyane)
- unterstütze die Herzgesundheit
- sorge für gesunde Haut

Ein wichtiges Einsatzgebiet der Heidelbeere als Heilmittel sind Verdauungsstörungen. So werden sie gerne gegen Durchfall verabreicht. Zu verdanken ist ihre diesbezügliche Wirkung den enthaltenen **Gerbstoffen** (Tanninen). Durch sie verdichtet sich die Oberfläche der Schleimhautschicht im Magen-Darm-Trakt. Dadurch können zum einen weniger Keime durchdringen, zum anderen gibt die Schleimschicht dadurch auch weniger Flüssigkeit in den Darm ab, womit Durchfall gelindert werden kann.

Die Gerbstoffe sind auch dafür verantwortlich, dass mit Heidelbeeren oder ihrem Saft Entzündungen im Mund- und Rachenraum behandelt werden können. Wieder ist dies auf die Wirkung der Gerbstoffe auf die Schleimhäute zurückzuführen.

Entzündungshemmend wirken neben den Gerbstoffen auch die in den Heidelbeeren reichlich enthaltenen **Anthocyane.** Dabei handelt es sich um pflanzliche Farbstoffe, die für die Blaufärbung der Beeren verantwortlich sind. Sie haben ein starkes antioxidatives Potenzial und wirken daher als Radikalfänger. Die sekundären Pflanzenstoffe können dadurch frühzeitiger Zellalterung, Entzündungen und sogar Krebs vorbeugen.

Eine weitere Eigenschaft der Anthocyane ist, dass sie die Blutgefäße elastisch halten. Denn sie sorgen dafür, dass mehr Cholesterin über den Darm ausgeschieden wird. Man vermutet zudem, dass sie die Aktivität verschiedener Gene reduzieren, die mit einem erhöhten Cholesterinspiegel im Zusammenhang stehen. Gibt es einen Überschuss an Cholesterin im Körper, lagert es sich an den Innenwänden der Blutgefäße ab und sorgt für Arteriosklerose. Die Blutgefäße werden dadurch enger und schwerer durchgängig, sodass sich die Sauerstoffversorgung der Zellen verschlechtert. Folgen können Schlaganfälle, Herzinfarkte, Thrombosen usw. sein.

Heidelbeeren unterstützen damit auch die **Herzgesundheit.** Sie regulieren aber außerdem den Blutdruck. Dafür wird vor allem der Tee aus den Blättern der Heidelbeere eingesetzt. Er kann dabei helfen, den Blutdruck zu senken, Schwindelanfällen vorzubeugen, aber auch den Blutzuckerspiegel zu regulieren. Aber Vorsicht: Heidelbeerblätter sind leicht giftig. Den Tee sollte man daher nicht über einen längeren Zeitraum einnehmen.

Ein weiteres Einsatzgebiet der Beeren sind diverse **Hautleiden.** Die Beeren können äußerlich angewendet nicht nur bei trockener und fettiger Haut sowie bei Schuppen Abhilfe schaffen, auch bei durch Pilze oder Bakterien verursachten Leiden haben sie heilende Wirkung.

Ein Heidelbeerstrauch kann bei besten Bedingungen bis zu zehn Kilogramm Beeren pro Jahr hervorbringen. Sammelt man sie selbst oder kultiviert sie im eigenen Garten, dann sollte man mit der **Ernte** darauf warten, dass sich der Teil um den Stielansatz der Beeren blau verfärbt und nicht mehr rot ist. Erst dann sind die Früchte vollreif und schmecken dementsprechend intensiv.

Für die Ernte von Heidelbeeren gibt es ein eigenes Werkzeug, den **Heidelbeerkamm**, auch Raffel genannt. Die Früchte werden damit von den Sträuchern „gekämmt" und mit einem Gefäß aufgefangen. Das Problem dabei ist, dass alle Beeren, egal in welchem Reifezustand sie sich befinden, geerntet werden. Weiters besteht auch die Gefahr, die Pflanzen mit dem Heidelbeerkamm zu verletzen.

**Lagerung:** Heidelbeeren sind nicht lange haltbar. Im Kühlschrank lassen sie sich nur wenige Tage aufbewahren. Jedoch kann man die Früchte gut einfrieren. Davor sollten die Beeren gewaschen und getrocknet werden und dann zunächst einzeln vorgefroren werden, damit sie nicht verklumpen. Auch zur Trocknung eignen sich die Beeren.
Im Handel erhältliche Kulturheidelbeeren sind länger lagerbar, weisen aber auch kein so intensives Aroma auf. Sie können bis zu zwei Wochen im Kühlschrank aufbewahrt werden. Bei zu langer Lagerung können die Beeren Bitterstoffe entwickeln und ihr Aroma verlieren.

In vielen Köpfen hat sich die Gefahr des **Fuchsbandwurms** eingenistet, dessen Eier bei wild gepflückten Beeren eventuell mitgegessen werden und so zu einer Infektion führen können. Um dieses Risiko bei selbst gepflückten Heidelbeeren auszuschließen, sollte man sie kochen. Bei 60 Grad werden die Eier des Fuchsbandwurms abgetötet. Einfrieren hilft im Gegensatz dazu nicht, denn die Eier vertragen auch Minusgrade. Insgesamt ist aber zu betonen, dass die Gefahr, sich tatsächlich mit dem Fuchsbandwurm zu infizieren, verschwindend gering ist. In ganz Deutschland gab es 2014 36 Neuinfektionen, was bei einer Einwohnerzahl von 80 Millionen einer Infektionswahrscheinlichkeit von 0,00005 Prozent entspricht.

Amerikanische Einwanderer verwendeten Heidelbeeren als **Färbemittel.** Aus den Beeren und Milch erhielten sie eine blaugraue Farbe. Verantwortlich da-

für sind die pflanzlichen Farbstoffe der Anthocyane. Sie sind auch der Grund dafür, dass Zähne und Mund nach dem Verzehr von Heidelbeeren rötlich-blau sind. Dies trifft jedoch auf die europäische Heidelbeere viel mehr zu als auf die amerikanische bzw. auch die Kulturheidelbeere. Unsere heimischen Waldheidelbeeren enthalten die Farbstoffe nämlich nicht nur in der Schale, sondern auch im Fruchtfleisch – im Gegensatz zur Kulturheidelbeere, die grünliches Fruchtfleisch hat und daher weniger stark färbt.

Heidelbeeren eignen sich auch hervorragend als **Ziersträucher** im Garten, denn ihr Laub verfärbt sich im Herbst tiefrot.

## Heidelbeer-Panna cotta

4 Portionen

| | |
|---|---|
| 250 g | Heidelbeeren |
| 100 ml | Holunderbeeren- oder Schwarzer Johannisbeeren-Saft |
| 4 Blatt | Gelatine |
| 250 ml | Sahne |
| 50 g | Zucker |
| 1/2 | Vanilleschote (Mark) |

Heidelbeeren waschen und verlesen. Mit dem Fruchtsaft in ein hohes Gefäß geben, sehr fein pürieren und durch ein Sieb streichen. Gelatine in kaltem Wasser einweichen.
Sahne, Zucker und Vanillemark in einem Topf aufkochen und 2–3 min. köcheln lassen. Anschließend durch ein feines Sieb gießen und kurz abkühlen lassen. Die ausgedrückte Gelatine in der Masse auflösen, noch etwas abkühlen lassen und ca. 150 ml des Heidelbeerpürees unterrühren. Masse in Formen oder Gläser geben und mindestens 4 Stunden kalt stellen. Übriges Heidelbeerpüree ebenfalls kalt stellen und zum Abschluss die fest gewordene Panna cotta damit beträufeln.

H *wie...*

# HOLUNDER

*Sambucus nigra, Holler, Fliederbeerbusch, Holder, Keilken, Elhorn, Zibke, Eller, Kisseke, Alhorn, Eiderbaum, Elderbaum*

**Heimische Erntezeit:** September bis Oktober

 Holunder ist in Europa, Asien, Nordafrika und Nordamerika **heimisch.** Der bis zu 8 m hohe Strauch findet sich in Auwäldern, an Weg- und Straßenrändern, Bahndämmen und Schuttplätzen.

Neben den Beeren können auch die **Blüten** verzehrt werden. Sie sind flieder-artig, weiß bis gelblich und bilden Dolden mit 10–25 cm im Durchmesser. Sie sind äußerst wohlriechend und werden deshalb gerne mit Wasser und Zucker zu Holunderblütensirup verkocht. Sie können auch in Pfannkuchen einge-backen werden.

 Gesichert ist die Verwendung des Holunders als Heilpflanze im **antiken Griechenland.** Dioskurides (1. Jh. v. Chr.) verschrieb Holunder als wasser-treibendes, aber auch als schleimlösendes Mittel. Der griechische Arzt Hippo-krates (460–370 v. Chr.) empfahl ihn gegen Verstopfung und Wassersucht. Als Mittel zum Färben der Haare wurden in der Antike außerdem die Früchte des Schwarzen Holunders genutzt.

Im **Mittelalter** hatte Holunder den Status einer magischen Pflanze. Man zog aus Aberglauben den Hut vor dem Strauch, wenn man an ihm vorüberging, da man die in ihm wohnenden guten Geister grüßte. Man sagte Holunder eine Wirkung gegen schwarze Magie sowie Feuer und Blitzschlag nach.

**G**

## ... das kann ich

- wirke gegen Erkältungskrankheiten und Fieber
- stärke die Gefäße (→ Flavonoide)
- stärke das Immunsystem (→ Flavonoide, Vitamin C)
- unterstütze die Verdauung

Holunderblütentee ist genauso wie Holunderbeerensaft ein traditionelles Heilmittel bei **Erkältungskrankheiten** und Fieber. Beides hat sowohl schleimfördernde als auch schweißtreibende Wirkung. Der schweißtreibende Effekt lässt sich darauf zurückführen, dass Holunder die Empfindlichkeit der Schweißdrüsen für Wärmereize erhöht, was zu einer vermehrten Schweißbildung führt.

Aufgrund der harntreibenden Wirkung kann Holunderblütentee auch bei **rheumatischen Erkrankungen** eingesetzt werden.

Der **Flavonoid**-Gehalt in den Beeren, der bis zu 3,5% beträgt, stärkt die Gefäße und wirkt blutreinigend. Allen voran zu nennen sind dabei Rutin und Sambucyanin. Des Weiteren haben die Flavonoide antioxidative und krebshemmende Wirkung.

Gemeinsam mit dem im Holunder ebenfalls enthaltenen Vitamin C stärken die Flavonoide außerdem das **Immunsystem.**

Holunder kann auch die **Verdauung** regulieren. Man hat vor einigen Jahren entdeckt, dass Holunder einen Wirkstoff enthält, der das Anhaften des Bakteriums *Helicobacter pylori* an die Magenschleimhaut verhindert, welches unter anderem Magengeschwüre und Zwölffingerdarmkrebs begünstigt.

**Holunderbeeren** reifen nicht zur gleichen Zeit. An einer Dolde können daher reife und unreife Früchte gleichermaßen hängen. Verwendet sollten jedoch nur die ganz reifen Beeren werden.

Sowohl aus den Blüten als auch aus den Beeren des Holunders lässt sich **Tee** zubereiten. Auch zur Inhalation oder für die Herstellung eines Badezusatzes finden die Blüten Verwendung.

Die rohen Holunderbeeren enthalten das schwache **Gift Sambunigrin,** das bei übermäßigem Verzehr zu Erbrechen, Durchfall, Sehstörungen, aber auch zu Herzrhythmusstörungen führen kann. Durch Erhitzen der Beeren auf über 80 Grad zerfällt Sambunigrin und wird dadurch unwirksam.

Holunderbäume dienen zahlreichen Tieren als Nahrung. Manche Schmetterlingsraupen ernähren sich ausschließlich von Holunderblättern. Bienen finden in den Blüten Nektar und Vögel fressen die Beeren. Holunderbäume sind damit von hohem **ökologischen Wert.**

Sowohl die Germanen als auch die alten Griechen und Römer glaubten, dass im Holunder **gute Geister wohnen** würden. Die Pflanze wurde daher häufig in unmittelbarer Nähe des Hauses gesetzt. Um die guten Geister nicht zu vertreiben, durfte man Holunderbüsche nicht fällen.

Laut nordischer Mythologie wohnt die Göttermutter Freya, auch Holla genannt, im Holunderbaum. Aus dem Bild der Göttin Holla, die die Holunderbüsche schüttelt, bis die weißen Blüten wie Schnee herabfallen, leitet sich das Märchen **„Frau Holle"** der Gebrüder Grimm her.

Im Christentum hat der Holunder einen negativen Ruf. Er trägt sogar den Beinamen **„Baum des Teufels".** Der Legende nach soll sich Judas Iskariot, der Verräter Jesu, an einem Holunderstrauch erhängt haben. Daher würde auch der unangenehme Geruch des Holunderlaubes kommen. Man verband den Holunder im christlichen Mittelalter allgemein mit dem Tod. So dachte man, ein verdorrender Holunderstrauch würde den Tod eines Familienmitgliedes zur Folge haben. Auch die Peitsche des Sargkutschers war aus Holunderholz gemacht.

# INGWER

*Zingiber officinale, Zingiberis rhizoma, Ingber, Imber, Immerwurzel, Ingwerwurzel*

Der Ingwer gehört zur Pflanzenart der **Ingwergewächse.** Die krautige Pflanze, die schilfähnlich aussieht, erreicht eine Wuchshöhe von 50 bis zu 150 Zentimetern. Für uns ist jedoch in erster Linie der Wurzelstock, der unterirdische Teil der Pflanze, als Gewürz und Heilpflanze von Bedeutung.

Ingwer wächst weltweit in tropischen und subtropischen Gebieten. Indien ist mit jährlich 250.000 Tonnen der größte **Ingwerproduzent.** Größter Exporteur ist allerdings China und das flächenmäßig größte Anbaugebiet liegt in Nigeria.

Je nachdem, ob Ingwer frisch oder getrocknet genutzt werden soll, wird er entweder nach acht Monaten oder nach eineinhalb Jahren geerntet. Nach acht Monaten ist er noch jung und zart, schmeckt milder und wird frisch in der Küche verwendet **(grüner Ingwer).** Nach eineinhalb Jahren Wachstumszeit, zu dem Zeitpunkt, zu dem die oberirdischen Blätter welk werden, wird der **Gewürzingwer** geerntet und anschließend meist getrocknet und zu Pulver verarbeitet.

Woher der Ingwer **ursprünglich** kommt, weiß man nicht mit Sicherheit. Man vermutet seine Heimat in Sri Lanka oder auf den pazifischen Inseln.

2700 v. Chr. erklärte der **Kaiser von China,** Shen Nung, den Ingwer zur königlichen Pflanze. Man dachte damals, Ingwer könne die Lebenskraft fördern.

Bereits im 9. Jahrhundert war Ingwer auch im deutschen Sprachraum bekannt. In **Europa** wurde er als Tischgewürz wie Salz benutzt, war aber den wohlhabenden Leuten vorbehalten.

Größere Verbreitung erreichte Ingwer in Europa, besonders in England, erst ab dem 17. Jahrhundert. Die **Vorreiterrolle Englands** in Bezug auf die Verwendung des Gewürzes kann man noch heute an verschiedenen englischen Spezialitäten, wie Gingerbread (Lebkuchen), Ingwerkeksen oder Ginger Ale, erahnen.

Zu einem bis heute anhaltenden **Ingwer-Boom** kam es in Europa Anfang der 1990er-Jahre. Verantwortlich dafür zeichnet sich die (Ernährungs-)Wissenschaft, die sich intensiv mit der gesundheitlichen Wirkung der Wurzel für den Menschen auseinandersetzte.

**G**

... *das kann ich*

- wirke schweißtreibend
- unterstütze bei Erkältungskrankheiten (→ Gingerol)
- wirke schmerzstillend (→ Gingerol)
- helfe bei Reisekrankheit
- bin ein Universalheilmittel

Da Ingwer die Schweißbildung anregt, wird er in heißen Ländern gerne als Zusatz im Tee oder Kaffee verwendet. Die **schweißtreibende** Wirkung macht ihn auch zu einem idealen Getränk bei Fieber.

Ingwertee ist ein altbekanntes Hausmittel bei Erkältungserkrankungen. Und tatsächlich hilft Ingwer bei grippalen Infekten und Erkältungen. Zu verdanken ist dies den **Gingerolen,** organischen Verbindungen in der Ingwerwurzel. In ihrer chemischen Zusammensetzung und auch in ihrer Wirkung sind Gingerole der Acetylsalicylsäure (Aspirin®) sehr ähnlich. Sie wirken schleimlösend, entzündungshemmend und wärmend.
Außerdem haben Gingerole eine schmerzstillende Wirkung. In der Traditionellen Chinesischen Medizin (TCM) wird Ingwer zur Behandlung von Kopf-, Rücken- und Gelenkschmerzen eingesetzt.

Ein weiteres bekanntes Einsatzgebiet ist die **Reisekrankheit.** Egal ob einen die Übelkeit im Auto, Bus, auf dem Schiff oder im Flugzeug plagt, Ingwer beruhigt den Gleichgewichtssinn, mindert die Übelkeit und kann damit vor dem Drang zu erbrechen schützen.

Dem Ingwer wird auch eine positive Wirkung auf das **Verdauungssystem** zugeschrieben. So steigert er zum Beispiel die Gallensaftproduktion.

Bei den vielen positiven Wirkungen, die Ingwer auf unseren Körper hat, ist es nicht verwunderlich, dass er in der Ayurvedischen Medizin einen hohen Stellenwert als **Universalheilmittel** innehat.

 Die **Bezeichnung** Ingwer ist eine Abwandlung vom lateinischen Wort *gingiber*.

Ingwer lässt sich ungeschält bis zu drei Wochen an einem kühlen, dunklen und trockenen Ort **lagern.**

Während Ingwer in unseren Breiten im Freien nicht gut gedeiht, weil er nicht frosthart ist, eignet er sich als hübsche und exotische **Zimmerpflanze.** Dafür muss man einfach im Handel gekaufte Ingwerwurzeln in vier Zentimeter breite Stücke schneiden, mit der Schnittfläche nach unten in den Blumentopf stecken und in einem warmen Raum ständig mäßig feucht halten.

Im **antiken Rom** wurde eine Steuer auf die Ingwerwurzel eingehoben.

Im Orient und in Japan wird den Ingwerwurzeln – besonders den dicken – eine **aphrodisierende Wirkung** zugeschrieben.

In der japanischen Küche wird **Gari** (Sushi-Ingwer), in Essig eingelegter Ingwer, zwischen unterschiedlichen Gängen gereicht, da Ingwer den Geschmack neutralisieren soll.

Ingwer wird häufig in der **Getränke-** (Ginger Ale, Ingwerbier) und Lebensmittelindustrie verwendet.

K wie ...

# KAKI

*Diospyros kaki, Kakipflaume*

 Kakis gehören zur Familie der **Ebenholzgewächse.** Die Früchte sind süß und wachsen auf bis zu 10 Meter hohen Bäumen. Sie haben etwa die Größe einer großen Tomate. Ihre glatte Schale ist leuchtend orange, auch das Fruchtfleisch ist orange, jedoch etwas heller als die Außenhaut.

In unseren Breiten sind Kakis beinahe immer erhältlich, was daran liegt, dass sie **fast das ganze Jahr** über in tropischen und subtropischen Gebieten reifen. Die Früchte reifen erst, wenn die Blätter des Kaki-Baumes bereits abgefallen sind.

Die ursprüngliche Heimat der Kaki ist Asien. Noch heute kommt der Hauptteil der Weltproduktion aus Ostasien. Kultiviert werden Kakis weltweit nur in elf Ländern. Mit 90% kommt der Hauptanteil der **Produktion** von jährlich 2 Mio. Tonnen aus China, Japan und Korea. Mittlerweile wird sie aber – ähnlich wie die Sharonfrucht – auch in Südamerika, Südeuropa, Israel und den USA kultiviert.

Zwischen 2012 und 2014 hat sich der Import von Kakis nach Deutschland mehr als verdoppelt. Für diesen **Boom** sind nicht zuletzt die valencianischen Bauern in Spanien verantwortlich: Viele haben ihre Orangenplantagen gegen Kakiplantagen getauscht und so hat sich die Produktion von Kakis in Spanien in den letzten elf Jahren sage und schreibe verzehnfacht.

Es gibt ca. 500 verschiedene **Kaki-Sorten.** Zuchtformen sind der Honigapfel, die ovale Persimone oder die flache Sharonfrucht.

Die optisch sehr ähnliche **Sharonfrucht** ist keine Kaki-Sorte, sondern eine eigene Frucht. Sie wurde aus der Kaki gezüchtet, hat härteres Fruchtfleisch, enthält keine Kerne und ist auch unreif verzehrbar. Für den Handel ist die in Israel gezüchtete Sharonfrucht wesentlich interessanter als die Kaki. Letztere ist nämlich im essbaren Zustand sehr weich und daher nicht gut lagerbar. Unterscheiden lässt sich die Sharonfrucht von der Kaki, indem man sie quer aufschneidet, dann zeigt sich ein sternförmiges Muster aus Linien dunkleren Fruchtfleisches.

**H** Die Kaki gehört zu den **ältesten Kulturpflanzen.** In China wird sie bereits seit über 2.000 Jahren kultiviert.

In Europa und den USA werden Kakis erst seit der Mitte des 19. Jahrhunderts angebaut und geerntet.

**G**

## ... das kann ich

- helfe bei Durchfall (→ Gerbstoffe)
- stärke die Sehkraft (→ Beta-Carotin)
- stärke Knochen und Zähne (→ Phosphor)
- unterstütze Muskel- und Nervenfunktion (→ Kalium)

In Asien weiß man die Kaki nicht nur als köstliche Frucht zu schätzen, man nützt auch ihre Heilkräfte. So wirkt sie magenstärkend und mildert Durchfall, wofür ihre **Gerbstoffe** verantwortlich sind. Der Saft unreifer Kakis wird in der asiatischen Volksmedizin gegen hohen Blutdruck eingesetzt und ihr Stiel zur Linderung von Husten verwendet.

Kakis sind ein tolles **Obst für Sportler,** denn sie enthalten Zucker, und zwar neben dem Fruchtzucker auch viel Glucose, wodurch sie den menschlichen Körper schnell mit Energie versorgen und den Glucosespeicher wieder auffüllen.

Wie viele orangefarbene Früchte enthalten Kakis besonders viel **Beta-Carotin** (Provitamin A). Dieses wird vom Körper in Vitamin A umgewandelt. Schon zwei Kakis können den Vitamin-A-Bedarf eines Erwachsenen decken. Vitamin A unterstützt nicht nur den Sehprozess, sondern auch viele andere Wachstumsvorgänge.

An Mineralien stecken vor allem **Kalium** und **Phosphor** in den süßen Früchten. Während Phosphor benötigt wird, um Knochen und Zähne gesund zu erhalten, hat Kalium vielfältige Aufgaben im Körper. Unter anderem ist es für das Funktionieren der Muskeln und Nerven zuständig und reguliert den Kreislauf.

Beim **Kauf** sollte man darauf achten, dass die Kakis keine Druckstellen haben. Sind die Früchte noch sehr fest, sind sie noch nicht reif. Sie reifen aber in nur zwei bis drei Tagen nach, am besten in Zeitungspapier eingewickelt und bei Raumtemperatur gelagert.

Kakis sollten besser **hoch- bis überreif** gegessen werden, da sie erst dann den hohen Gerbstoffgehalt abgebaut haben und ihren vollen Geschmack entfalten. Richtig reif sind sie, sobald die Schale glasig aussieht und das Fruchtfleisch butterweich ist.

In **Japan** werden Kakis sehr gerne als Frischobst gegessen. Am Neujahrstag isst man sie jedoch getrocknet, denn sie sollen helfen, den Kater nach allzu reichlichem Alkoholgenuss zu überwinden.

Das **Wort Kaki** stammt aus dem Japanischen und bedeutet einfach so viel wie „Frucht". Etwas blumiger ist der aus dem Griechischen stammende botanische Name, der so viel wie „Frucht des göttlichen Feuers" bedeutet.

Die **Blüten** der Kakibäume müssen nicht bestäubt werden, um Früchte zu entwickeln. Jedoch haben nur Kakis, die aus bestäubten Blüten entstanden sind, bis zu acht Samen im Inneren.

In China werden dem Kakibaum **vier Tugenden** zugeschrieben: er ist langlebig, schattenspendend, wird von Vögeln als Nistplatz genutzt und nicht von Schädlingen befallen.

K *wie ...*

# KARDAMOM

*Amomum subulatum, Elettaria cardamomum*

 Kardamom gehört zu den **Ingwergewächsen.** Als Gewürz werden die in den Kapselfrüchten enthaltenen Samen verwendet.

Man unterscheidet zwischen **grünem** und **schwarzem Kardamom.** Der schwarze wird auch brauner Kardamom oder Nepal-Kardamom genannt. Er stammt aus dem Himalaja-Gebiet und wird in erster Linie in Nepal und im indischen Bundesstaat Sikkim angebaut und traditionellerweise über offenem Feuer getrocknet. Die ursprüngliche Heimat des grünen Kardamoms liegt in Südindien, Sri Lanka, im Irak und in Thailand.
Nicht nur farblich, sondern auch geschmacklich unterscheiden sie sich voneinander. Schwarzer Kardamom hat ein sehr herbes Aroma, das jenem von Nadelholz und Campher ähnelt.

Große **Kardamom-Produzenten** sind neben Nepal und Indien auch Guatemala, Tansania, Madagaskar, Papua-Neuguinea und Vietnam.
Bei uns erhält man Kardamom das ganze Jahr über gemahlen, als Samen oder als ganze Kapseln.

 Bereits **vor 5.000 Jahren** wurde Kardamom in Indien als Gewürz und Heilmittel verwendet. In Indien hat Kardamom auch den Beinamen „Königin der Gewürze".

Wie im **antiken Ägypten** wird in Indien nach wie vor Kardamom für frischen Atem und weiße Zähne gekaut. Im alten Griechenland und Rom dienten die Kardamomsamen nicht nur als Brotgewürz, auch Parfums wurden aus dem Gewürz hergestellt.

Nach Europa gelangte das Gewürz erst im **Mittelalter.** Hier wurde es zunächst hauptsächlich als Arznei angewendet. Apotheken stellten aus Kardamom das sogenannte Confectum her, ein Präparat aus Samen, Rinden, Früchten und Blütenblättern, das vom Adel als Verdauungsmittel nach üppigen Mahlzeiten eingenommen wurde.

## ... das kann ich

- fördere die Verdauung
- wirke schleimlösend und antibakteriell (→ Borneol, Cineol)
- wirke entgiftend
- fördere die Durchblutung (→ Kampfer)
- sorge für gute Stimmung

Durch seine ätherischen Öle wirkt Kardamom anregend auf Appetit und **Verdauung,** weil er Speichelfluss, Magen- und Gallensaftsekretion fördert. Das Gewürz kann daher nicht nur zur Steigerung des Appetits, sondern auch zur Linderung von Magenschmerzen eingenommen werden.

**Borneol** und **Cineol,** das auch in Eukalyptus enthalten ist, wirken überdies antibakteriell und schleimlösend. Dadurch entfaltet Kardamom auch Heilwirkung bei Erkältungen, Halsschmerzen und sogar Asthma.

Kardamom unterstützt weiters den Körper beim Entgiften, weshalb das **Gewürz gegen Kater** nach zu viel Alkoholkonsum eingesetzt wird. Es lindert zum einen Kopfschmerzen, zum anderen verbessert es den Atem.

Der in Kardamom enthaltene **Kampfer** fördert die Durchblutung, weshalb das Gewürz auch eine beliebte Zutat für Salben und Badezusätze ist. Kampfer ist jedoch gleichzeitig auch der Grund, weshalb Schwangere auf Kardamom eher verzichten sollten.

Vor allem in arabischen Ländern wird Kardamom für seine **stimmungsaufhellende** und die Libido steigernde Wirkung geschätzt.

Kardamom ist neben Safran und Vanille eines der **teuersten Gewürze** der Welt. Hauptgrund dafür ist die aufwändige Ernte und Verarbeitung. Geerntet werden die Fruchtkapseln, in denen die Samen stecken, kurz vor der Reife per Hand. Danach werden sie getrocknet.

In **gemahlenem Kardamom** sind meist auch die Fruchtschalen mitvermahlen, die geschmacksneutral sind. Die in den Samen enthaltenen ätherischen Öle verflüchtigen sich in gemahlenem Zustand rasch.
Am besten kauft man ganze Kardamom-Kapseln. In ihnen sind die Samen nämlich einigermaßen vor dem Verlust der ätherischen Öle geschützt. Die Samen kann man dann je nach Bedarf, vorzugsweise ohne Fruchtschalen, frisch mahlen.

**Kardamom-Kapseln** sind dann von guter Qualität, wenn sie eine frische grüne Farbe haben und unversehrt sind. Die Samen sollten ölig-schwarz sein. Auch bei bereits geöffneten Kapseln verlieren sich die ätherischen Öle in den Samen rascher.

Kardamom ist ein wichtiger Bestandteil indischer Masalas sowie des **Currypulvers** und auch beim Brühen von arabischem Kaffee wird dem Kaffeepulver häufig Kardamom beigefügt.

Im Laddu, einem **ayurvedischen Konfekt,** ist Kardamom ebenfalls enthalten. Aber auch in der heimischen Küche wird Kardamom neben Pikantem auch gerne in Süßem verwendet, etwa in Lebkuchen und Spekulatius. Auch in Zimtschnecken ist Kardamom häufig enthalten.
Insgesamt harmoniert Kardamom gut mit Feigen, Schokolade, Datteln und Erdbeeren.

Auch zur **geschmacklichen Abrundung** von Likören und sogar in Wurstwaren wird das Gewürz verwendet.

K wie...

# KARTOFFEL

*Solanum tuberosum, Erdapfel, Erdbirne, Grundbirne, Grübling, Eachtling*

**Heimische Erntezeit:** Juni bis Oktober

Kartoffeln gehören zur Familie der Nachtschattengewächse und zählen zu den wichtigsten **Grundnahrungsmitteln.** Sie dienen aber auch in großen Mengen als Futtermittel und als Industrierohstoff. So werden aus Kartoffeln etwa Stärke, Alkohol, aber auch verarbeitete Produkte wie Teigwaren, Chips etc. hergestellt.

Weltweit werden jährlich etwa 376 Mio. Tonnen Kartoffeln geerntet. China ist der mit Abstand größte **Kartoffelproduzent** weltweit, gefolgt von Indien, Russland, der Ukraine, den Vereinigten Staaten und Deutschland.

Während man bei uns hauptsächlich Kartoffeln kennt, die innen gelblich und außen von einer braunen Schale umgeben sind, gibt es weltweit etwa 5.000 verschiedene **Kartoffelsorten,** die sich nicht nur im Verwendungszweck, sondern auch in Geschmack und Farbe unterscheiden.

Kartoffeln werden nach ihrer Erntezeit eingeteilt in **Frühkartoffeln, mittelfrühe Kartoffeln** und **Spätkartoffeln.** Je früher das Gemüse geerntet wird, desto dünner ist die Schale, desto höher ist der Wassergehalt und desto geringer ist der Stärkegehalt. Je später die Kartoffeln geerntet werden, desto länger sind sie lagerbar.

Die Kartoffel stammt aus den Anden in Südamerika. Es ist belegt, dass es wilde Kartoffeln dort bereits vor 13.000 Jahren gab. Für die **Inka** hatte die Kartoffel einen besonderen Stellenwert, was auch daran ersichtlich ist, dass ihre religiösen Feierlichkeiten zeitlich an die Saat- und Erntezeiten der Kartoffel gebunden waren. Sie hatten sogar eine eigene Kartoffelgöttin namens Axomama.

Wann die Kartoffel zum ersten Mal nach **Europa** kam, ist umstritten. Was man jedoch mit Sicherheit sagen kann, ist, dass es sehr lange gedauert hat, bis sie sich als Nahrungsmittel durchsetzen konnte. Zunächst war die Pflanze nämlich als „Teufelskraut" verschrien, weil die oberirdischen Beeren, die man für den verzehrbaren Teil der Pflanze hielt, giftig waren.

Zu ihrem Durchbruch verhalf ihr König Friedrich II. von Preußen (1712–1786), der **„Kartoffelkönig".** Er ordnete die Kultivierung der Kartoffel an, um gegen Getreideernteausfälle und Hungersnöte gewappnet zu sein. So recht wollte sich der Kartoffelanbau jedoch trotzdem nicht durchsetzen, da die Pflanze aufgrund ihrer giftigen Beeren einen schlechten Ruf hatte. Friedrich griff deshalb angeblich zu einer List: Er ließ die Kartoffelfelder von Soldaten bewachen, was einen besonderen Wert der Pflanzen suggerierte. Bauern sollen daraufhin Pflanzen gestohlen haben, um das vermeintlich kostbare Gut selbst anbauen zu können.

In Mitteleuropa ist der Kartoffelverbrauch seit Ende des **Zweiten Weltkriegs** zurückgegangen. Als Beilagen werden heute Reis und Teigwaren bevorzugt, was vielleicht auch an ihrer einfachen und kürzeren Zubereitung liegen mag.

... *das kann ich*

- unterstütze die Herzgesundheit (→ Kalium)
- bin ein Sattmacher (→ Kohlenhydrate)
- lindere Magenbeschwerden und Sodbrennen (→ Stärke)
- sorge für schönes Haar

Kartoffeln enthalten verschiedenste Mineralstoffe und Spurenelemente. Hervorzuheben ist der hohe Kalium-Gehalt in den Knollen. **Kalium** ist nicht nur für die Regulation des Wasserhaushaltes und des Blutdrucks notwendig, es ist auch an der Muskelfunktion beteiligt. Da das Herz ein großer Muskel ist, kann Kaliummangel zu Herzrhythmusstörungen führen.

Obwohl sich das Gerücht, dass Kartoffeln dick machen, hartnäckig hält, ist eigentlich Gegenteiliges der Fall. Die Knollen helfen sogar beim **Abnehmen,** da sie so sättigend sind und ihre Kohlenhydrate nur langsam verdaut werden, wodurch der entstandene Zucker nur sehr langsam ins Blut abgegeben wird.

In der Volksmedizin wird Kartoffelsaft bei **Magenschmerzen** (Gastritis) und Sodbrennen eingesetzt. Die Stärke der Kartoffeln neutralisiert überschüssige Säuren und kann sogar die Anwendung von magensäurereduzierenden Arzneimitteln überflüssig machen.

Kartoffelsaft soll außerdem für gesundes und **glänzendes Haar** sorgen.

Für den richtigen **Erntezeitpunkt** der Kartoffeln hat sich eine Faustregel etabliert: Zwei bis drei Wochen nachdem das oberirdische Kraut abgestorben ist, ist der beste Zeitpunkt für die Ernte.

Eine weitere Faustregel gibt es zur **Lagerung:** Sie mögen es dunkel, trocken, luftig und kühl. Dabei sollte man Kartoffeln fern von anderem Obst und Gemüse bei einer Temperatur von 4–8 °C lagern.

Neben den oberirdisch wachsenden Beeren der Kartoffeln sind auch alle grünen Teil der Pflanze **giftig** – dies schließt auch grüne Stellen an den Knollen mit ein.

Der **deutsche Name** der Kartoffel stammt von der italienischen Bezeichnung *tartufolo* für Trüffel ab. Dieses Wort wiederum leitet sich vom lateinischen Ausdruck für Erdknolle ab.

Das größte **Kartoffelforschungszentrum** befindet sich in Lima, Peru.

K wie...

# KIWI

*Actinidia deliciosa, Actinidia chinensis, Actinidia arguta, Kiwifrucht, Chinesische Stachelbeere*

**Heimische Erntezeit:** Oktober bis November

 Die Kiwi ist eine **Schlingpflanze,** die bis zu 10 Meter hoch werden kann.

Vor allem in Neuseeland wurden im 20. Jahrhundert zahlreiche Sorten gezüchtet. Mittlerweile gibt es über **400 verschiedene Kiwisorten.** Neben den großen behaarten (*Actinidia deliciosa*) sind auch die etwas säureärmeren glattschaligen (*Actinidia chinensis*) mit gelbem Fruchtfleisch bei uns erhältlich, ebenso wie die Mini-Kiwis (*Actinidia arguta*), die auch Kiwibeeren genannt werden.

China ist wie so oft der **Hauptproduzent.** 2014 wurden dort 1,84 Mio. Tonnen der Früchte geerntet, gefolgt von Italien mit 510.000 t und Neuseeland mit 410.000 t. Auch Chile (270.000 t) und Griechenland (170.000 t) produzieren nennenswerte Mengen.

Kiwis lassen sich **auch in unseren Breiten** heranziehen. Am besten funktioniert dies in Regionen mit Weinbauklima. Die Pflanzen benötigen einen sonnigen und windgeschützten Platz.

**H** Die ursprüngliche Heimat der Wildform *Actinidia chinensis* liegt im **Nordosten Chinas.** Dort wird sie bereits seit über 1.000 Jahren kultiviert. Die früher „Yangtao" genannte Frucht wurde nicht nur verzehrt, ihre langen Triebe wurden auch zur Papierherstellung verwendet.

Als Chinesische Stachelbeere kam die Kiwi um 1900 **nach Neuseeland.** Zur selben Zeit gelangten erste Samen nach Europa und in die USA.

Der Export der Früchte nach Europa begann in den 1950er-Jahren. In Deutschland waren Kiwis um 1980 die **Trendfrucht** schlechthin, was sich auch an den Importzahlen zeigen lässt: Zwischen 1972 und 1981 stieg der Konsum von 900.000 Stück auf 85 Mio. Stück an.

## ... *das kann ich*

- unterstütze bei Stress (→ Vitamin C)
- schütze die Augen (→ Lutein, Zeaxanthin)
- wirke krebshemmend (→ Kaffeesäure)
- unterstütze die Verdauung (→ Pektin)

Besonders erwähnenswert ist der hohe **Vitamin-C**-Gehalt der Kiwi. Sie übertrifft damit die Orange sogar um das Doppelte. Damit kräftigen die Früchte das Bindegewebe und haben eine antioxidative und entgiftende Wirkung. Außerdem unterstützen sie die Kalzium- und Eisenaufnahme. Vor allem gestresste Personen sollten auf einen ausreichenden Vitamin-C-Spiegel achten, denn Studien zeigen, dass das Vitamin vor negativen stressbedingten Auswirkungen schützen kann.

Antioxidativ wirken auch die beiden in der Kiwi enthaltenen sekundären Pflanzenstoffe **Lutein** und **Zeaxanthin.** Sie zählen zu den Carotinoiden und sind vor allem für die Augengesundheit wichtig. Neben der Vorbeugung gegen allgemeine Sehschwäche schützen sie vor allem vor UV- und Bildschirmstrahlung. Auch Nachtblindheit und grauem Star können sie vorbeugen.

Als weiterer sekundärer Pflanzenstoff ist in den Früchten **Kaffeesäure** enthalten. Während eine Tasse Kaffee zwischen 25 und 75 mg Kaffeesäure enthält, liefern 100 g Kiwis sogar 100 mg davon und haben im Gegensatz zu Kaffee keine aufputschende Wirkung aufgrund des Koffeins. Kaffeesäure hat einen krebshemmenden Effekt. In Studien hat man eine antikanzerogene Wirkung bei Magen-, Darm-, Gebärmutterhals- und Prostatakrebs herausgefunden.

Kiwis enthalten eine Menge wertvoller **präbiotischer Ballaststoffe.** Das heißt, sie dienen den guten Darmbakterien als Nahrung und können dadurch die Darmflora unterstützen. Zu nennen ist vor allem **Pektin,** das die Anzahl der guten Milchsäurebakterien erhöht. Zudem wirken Kiwis gegen Verstopfung – von dieser Volkskrankheit sind allein in Deutschland etwa 15 Mio. Menschen betroffen. Das Erstaunliche an Kiwis ist dabei, dass selbst ein hoher Konsum bei gesunder Verdauung nicht zu Durchfall führt.

Kiwis werden hartreif geerntet und können deshalb auch zu Hause noch mehrere Wochen im Kühlschrank **gelagert** werden. Essfertige Kiwis geben auf Daumendruck leicht nach, haben aber noch eine straffe Schale. Überreife Kiwis sind weich, haben ein glasiges Fruchtfleisch und einen veränderten Geschmack.

Kiwis werden meist gegessen, indem das Fruchtfleisch aus der Schale gelöffelt wird. Die Schale landet danach üblicherweise im Müll. Tatsächlich kann sie aber ohne Weiteres mitgegessen werden. Für unsere Gesundheit sind **Kiwischalen** sogar von besonderem Wert, da sie viele Antioxidantien beinhalten. Will man auch die Schale verzehren, sollte man jedoch auf Bio-Früchte zurückgreifen.

Kiwis können auch **allergische Reaktionen** auslösen. Diese gehen häufig mit Kreuzallergien gegen Ananas, Papayas oder Pollen einher. Wegen ihres hohen Vitamin-C-Gehalts können sie unabhängig von Allergien auch zu Hautreizungen führen.

Ihren **heutigen Namen** erhielt die Kiwi in den 1960er-Jahren zu Marketingzwecken und aufgrund ihrer optischen Ähnlichkeit mit dem Nationalvogel Neuseelands.

Kiwis enthalten das eiweißspaltende **Enzym Actinidain.** Die Frucht kann deshalb zum Einreiben von Fleisch verwendet werden, um dieses mürbe zu machen. Aus demselben Grund sollte man Kiwis aber nicht roh mit Milchprodukten vermischen, da dabei ein bitterer Geschmack entsteht.

K wie ...

# KNOLLEN-SELLERIE

*Apium graveolens var. rapaceum, Wurzelsellerie, Zeller, Zellerich, Zelderie*

**Heimische Erntezeit:** Juli bis November

 Der Knollensellerie gehört zu den **Rüben.** Das Wurzelgemüse wächst unter der Erde und kann je nach Sorte eine runde, platte oder kegelige Form haben.

Sellerie ist eine einjährige Pflanze. Die Wurzel verholzt im zweiten Jahr. Außerdem ist Sellerie **nicht frosthart,** weshalb er nicht wie andere Wurzelgemüse im Winter im Beet gelagert werden kann.

Unser heutiger Knollensellerie, die Kulturform, stammt vom **wilden Sumpfsellerie** *(Apium graveolens var. graveolens)* ab, der vermutlich weltweit verbreitet war und noch heute in salzhaltigen, sumpfigen Böden wächst. In Deutschland gilt die Wildform des Selleries als stark gefährdet, in Österreich ist sie bereits ausgestorben.

Die Europäer sind die **Hauptkonsumenten** des Knollenselleries. Kultiviert wird er vor allem in Frankreich, den Niederlanden, Belgien und Deutschland.

Aus schriftlichen Überlieferungen weiß man, dass bereits die alten **Ägypter** zwischen 1200 und 600 v. Chr. Wildsellerie als Heilmittel nutzten. Die Blüten und Blätter der Pflanze dienten auch als Grabbeigabe.

Auch im **antiken Rom** und **Griechenland** schätzte man die Pflanze. Der Sieger der Nemeischen Spiele (Wettkämpfe in Griechenland zu Ehren des Gottes Zeus) z.B. erhielt einen geflochtenen Kranz aus Sellerieblättern. Weil der Sellerie außerdem dem Gott der Unterwelt geweiht war, wurden Grabhügel gerne mit wildem Sellerie bepflanzt.

Im **europäischen Mittelalter** wurde der Sellerie bis ins 18. Jahrhundert in Hof- und Klostergärten angebaut, hauptsächlich jedoch nicht als Nahrungsmittel, sondern als Heilmittel. Man sagte der Pflanze eine aphrodisierende, stimmungsaufhellende und blutreinigende Wirkung nach.

Aus dem wilden Sellerie wurden ab dem **17. Jahrhundert** in Italien die Varietäten Knollen-, Bleich- und Stangensellerie gezüchtet.

**G**

... *das kann ich*

- wirke antimikrobiotisch (→ Monoterpene)
- senke den Blutdruck (→ Monoterpene)
- wirke harntreibend (→ Kalium)
- sorge für eine gute Verdauung

Wie so oft sind auch beim Knollensellerie die ätherischen Öle für viele seiner positiven Heilwirkungen verantwortlich. Das Wurzelgemüse enthält einen hohen Anteil an **Monoterpenen.** Diese geben dem Gemüse seinen charakteristischen Geschmack und tun auch dem Körper Gutes. Monoterpene wirken antimikrobiotisch. Sellerie kann daher gegen Pilze und Bakterien im Mund-, Rachen- und Magenbereich gegessen werden.
Außerdem haben Monoterpene eine blutdrucksenkende Wirkung. In der Traditionellen Chinesischen Medizin wird Selleriesaft zur Behandlung von Bluthochdruck eingesetzt.

Sellerieknollen enthalten weiters viele **B-Vitamine** und die **Mineralien** Kalzium, Natrium, Kalium, Magnesium und Phosphor.

**Kalium** ist für die harntreibende Wirkung verantwortlich. Damit unterstützt das Gemüse unseren Körper bei der Entgiftung und beugt Nieren- und Blasenleiden vor. Außerdem kann die Knolle Gicht und Rheuma lindern.
Vorsicht ist jedoch für Nierenkranke geboten. Sie sollten lieber nicht zu oft zu Sellerie greifen.

Auch auf die **Verdauung** hat Knollensellerie eine positive Wirkung. Er regt den Appetit an, stärkt den Magen und reinigt den Darm. Außerdem wirkt er entkrampfend und lindert Blähungen. Besonders geeignet ist hierfür eine Teezubereitung, für die die Knolle in kleine Stücke geschnitten wird, kalt aufgegossen und dann kurz aufgekocht wird.

In der Ayurveda wird Sellerie auch gegen **neurologische Altersbeschwerden** eingesetzt.

Bei der **Lagerung** von Sellerie sollte man darauf achten, ihn fern von Obst und Gemüse aufzubewahren, das das Reifegas Ethylen verströmt, denn Sellerie ist darauf sehr empfindlich und verdirbt dadurch rascher.

**Kochtipp:** Knollensellerie sollte man in kaltem Wasser ansetzen und nur schwach köcheln lassen.

Knollensellerie kann gut roh gegessen werden und ist auch ein typisches **Rohkostgemüse.** Zudem kann man ihn auch getrocknet verwenden. Auch die Sellerieblätter werden gerne getrocknet und dann zum Würzen verwendet.

Der **Gattungsname** *Apium* stammt aus dem Lateinischen, wo er Pflanzen mit doldigen Blütenständen und Bitterstoffen bezeichnet.

Die **deutsche Bezeichnung** des Selleries stammt vom altgriechischen *selinon* ab, das sich auf die Stadt Selinunt am Fluss Selinus bezieht, wo große Mengen an Sellerie wuchsen. Auch das Wahrzeichen der Stadt war ein Sellerieblatt. Über das französische *celeri* entwickelte sich das deutsche *Sellerie*.

# KOHL

*Brassica oleracea convar. capitata var. alba/rubra,*
*Weisskohl, Weisskraut/Rotkohl, Rotkraut, Blaukabis,*
*Blaukohl, Blaukraut*

**Heimische Erntezeit:** Juni bis November

**Weißkohl** und **Rotkohl** sind Kopfkohle, bei denen sich im Laufe jahrhunderte-langer Züchtung und Selektion Sorten mit einem festen Kopf entwickelt haben. Rotkohl ist etwas kleiner und fester als Weißkohl und hat einen süß-licheren Geschmack.

**Anbauländer:** Weißkohl wird vor allem in Westeuropa, den Ostseeländern, in Russland, China, Japan und den USA kultiviert. Die europäischen Haupt-anbaugebiete von Rotkohl sind neben Deutschland die Niederlande, Russland, Frankreich, Polen und Dänemark.

In Deutschland werden jährlich etwa **120.000 Tonnen Rotkohl** geerntet. In der Schweiz nur etwa 5.000 Tonnen.

Der durchschnittliche **Pro-Kopf-Verbrauch** von Rot- und Weißkohl lag in Deutschland im Jahr 2016 bei 4,2 Kilogramm.

Die **Wildform** des Kohls ist im westlichen Küstengebiet Europas und im Mittelmeerraum beheimatet. Vorläufer unseres heutigen Weißkohls waren bereits den Kelten, Griechen und Römern als Speisepflanzen bekannt. Der Anbau wurde erstmals um 600 v. Chr. in griechischen Schriften erwähnt. Die alten Griechen und Römer kannten auch schon den Sauerkohl, der laut Über-lieferungen in China erfunden worden war.

Die Verbreitung des Kohls geht wie so oft auf Mönche zurück. Sie kultivierten das Gemüse in ihren Klostergärten und verwendeten es auch als **Heilmittel.** Der Saft des Kohls, Kohlsuppe und Sauerkohl wurden bei Gicht und Gelenkschmerzen, bei Verdauungsbeschwerden und Magengeschwüren verabreicht.

Auch **Karl der Große** erwähnte den Weißkohl 812 in seiner Landgüterverordnung „Capitulare de villis" und ordnete seine Kultivierung in Privatgärten an. Im europäischen Mittelalter zählte Kohl neben Getreide, Hülsenfrüchten und Rüben zu einem der wichtigsten Grundnahrungsmitteln.

**G**

## ... *das kann ich*

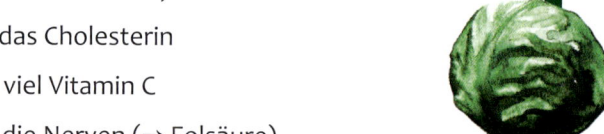

- wirke antioxidativ (→ Anthocyane, Senföle)
- wirke krebshemmend (→ Senföle)
- unterstütze die Verdauung (→ Senföle, Milchsäurebakterien)
- senke das Cholesterin
- liefere viel Vitamin C
- stärke die Nerven (→ Folsäure)

Rotkohl zeichnet sich durch seine rote Blattfarbe aus, für die die in ihm enthaltenen **Anthocyane** verantwortlich sind. Dabei handelt es sich um Pflanzenfarbstoffe, die zu den Flavonoiden zählen. Der Pflanze dienen die Anthocyane als Sonnenschutz. Beim Menschen wirken sie als Antioxidantien. Sie sind in der Lage, Sauerstoffradikale zu neutralisieren und wirken dadurch gegen oxidativen Stress. Sie stärken damit unser Immunsystem und haben vorbeugende und heilende Wirkung bei Entzündungen aller Art, aber auch bei Krebs und Herz-Kreislauf-Erkrankungen.

Weißkohl hat aus mehreren Gründen eine krebshemmende Wirkung. Die zahlreichen sekundären Pflanzenstoffe, darunter vor allem Lycopin und die Carotinoide, haben antioxidative Wirkung. Dadurch schützen sie unseren Körper vor schädlichen Umwelteinflüssen und in weiterer Konsequenz vor Entzündungen, vor Schädigung des Erbmaterials und vor Krebs.

Wichtige sekundäre Pflanzenstoffe, die der Kohl enthält, sind die **Senföle (Glucosinolate).** Diese scharfen schwefelhaltigen Bestandteile dienen der Pflanze zur Abwehr von Mikroorganismen. Für uns Menschen sind Glucosinolate von besonderer gesundheitsfördernder Bedeutung, denn sie haben u.a. eine entgiftende Wirkung, wodurch sie den Körper dabei unterstützen, Toxine auszuscheiden, die so den Zellen keinen Schaden mehr zufügen können. Studien haben gezeigt, dass das Glucosinolat Sinigrin vor allem Blasenkrebs, Dickdarmkrebs und Prostatakrebs vorbeugt.

Beim Kochvorgang (auch in der Mikrowelle) geht leider ein Großteil dieser sekundären Pflanzenstoffe verloren.

Sinigrin wirkt auch gegen Magengeschwüre. Unterstützt wird es von der Aminosäure Glutamin, welche die Schleimhäute des Verdauungstraktes schützt und repariert. Kohl kann aber auch andere Magen-Darm-Probleme lindern, wie z.B. Sodbrennen. Besonders positiv wirkt sich Sauerkohl auf unsere Verdauung aus, denn die **Milchsäurebakterien** des vergorenen Kohls unterstützen die Darmtätigkeit.

Sauerkohl ist außerdem ein ideales Lebensmittel für Veganer. Denn durch die Gärungsfermentation entsteht **Vitamin B12,** das ansonsten hauptsächlich in tierischen Produkten vorkommt.

Zur Senkung des **Cholesterinspiegels** bietet sich gekochter Weißkohl (und damit auch Sauerkohl) noch besser an als roher. Denn im gekochten Zustand können die Ballaststoffe des Gemüses das Cholesterin besser binden und aus dem Körper ausleiten.

Weißkohl ist außerdem ein ganz besonderer **Vitamin-C**-Lieferant. Er enthält nämlich die Vorstufe des Vitamins, Ascorbigen. Dieses wird erst durch das Kochen in Vitamin C umgewandelt. Während Vitamin C in anderen Gemüsesorten durch den Kochvorgang verlorengeht, kann es bei Weißkohl erst dadurch entstehen.

Durch seinen **Folsäure**-Gehalt wirkt Weißkohl weiters stressreduzierend, stärkt die Nerven und regt das Gehirn an.

Leider gehört Kohl zu den Gemüsesorten, die **Nitrat** anreichern. Dieses wird im Körper zu Nitrit umgewandelt, das wiederum krebserregende Nitrosamine bildet. Dieser Prozess läuft vermehrt beim Wiederaufwärmen von Kohl ab. Weil Kunstdünger dem Ackerboden noch zusätzlich Nitrat beifügt, das die Pflanze aus dem Boden entnimmt, sollte man bei Kohl auf biologische Ware zurückgreifen.

Durch die richtige und lange Lagerung wird ein Teil des Nitrats, das im Kohl gespeichert ist, in Eiweiß umgewandelt.

Es empfiehlt sich nicht, bereits **gehobelten Kohl** zu kaufen, da dieser durch die feine Zerteilung viele seiner gesunden Vitalstoffe durch den Einfluss von Licht und Sauerstoff verliert. Bereits vorgeschnittener Rotkohl z.B. verliert schon nach 6 Stunden mehr als 75% dieser Stoffe.

Verantwortlich für den **strengen Kohlgeruch** sind Schwefelverbindungen, die sich erst beim Verletzen der Zellen durch Schneiden oder Kochen entfalten. Dabei wird ein Enzym aktiviert, das die im Kohl enthaltenen Schwefelmoleküle spaltet, wodurch es zur Geruchsbelästigung kommt. Wird der Kohl jedoch mit einem Schuss Essig, Zitronensaft oder einer Walnuss gekocht, kann dem Geruch etwas entgegengewirkt werden.

**Tipp:** Am besten lässt man frisch gehobelten Kohl vor der weiteren Verarbeitung für fünf bis zehn Minuten stehen. Dadurch wird die Enzymaktivität in Gang gesetzt, für die die Zerstörung der Zellen (etwa durch Schneiden) eine Voraussetzung ist. Erst so können die Senföle ihre krebshemmende Wirkung entfalten.

Kohl ist ein schwer verdauliches Gemüse, das häufig **Blähungen** hervorruft. Weißkohl ist etwas besser verträglich als Rotkohl. Verzehrt man Kohl mit etwas Kümmel, können die Blähungen gemindert werden.

Die **Färbung des Rotkohls** hängt von den Anbaubedingungen ab. Weist der Boden einen hohen pH-Wert auf, wird der Kohl eher rot, in Böden mit niedrigem pH-Wert geht die Farbe ins Bläuliche. Die Pflanzenfarbstoffe (Anthocyane) fungieren quasi als pH-Indikator.

Auch bei der Zubereitung kann man auf die Farbe einwirken. Sind die Zutaten eher sauer, wie Essig, Zitronensaft etc., wird das Gericht eher rot. Werden dem Rotkohl basischere Lebensmittel zugesetzt (z.B. Zucker), färbt er sich bläulich.

## Großmutters Kohltopf

4 Portionen

| | |
|---:|:---|
| 1 Kopf | Weißkohl |
| 1 | Zwiebel |
| 2 | Knoblauchzehen |
| 120 g | Speck |
| 2 | Kartoffeln |
| 1 Bd. | Petersilie |
| 2 EL | Öl |
| 2 EL | Mehl |
| 1 l | Rindsuppe |
| 1 Prise | Majoran |
| 1 TL | Kümmel |
| | Salz, Pfeffer |

Kohl halbieren, den Strunk entfernen und in feine Streifen schneiden. Zwiebel und Knoblauchzehen schälen und fein hacken. Speck sowie Kartoffeln in Würfel schneiden. Petersilie waschen und ebenfalls fein hacken.
Den geschnittenen Kohl in Salzwasser ca. 20 min. weich kochen. Speck in heißem Öl anbraten, Zwiebel und Knoblauch dazugeben und anschwitzen. Danach mit Mehl stauben, mit Rindsuppe aufgießen und mit Majoran und Kümmel würzen. Kohl und Kartoffeln dazugeben und alles bei schwacher Hitze 15–20 min. köcheln lassen. Abschließend mit Salz und Pfeffer abschmecken, gehackte Petersilie hinzugeben und servieren.

**K** *wie ...*

# KOKOSNUSS

*Cocos nucifera*

Die **Kokos(nuss)palme** ist ein sogenannter Schopfbaum. Ihr Schopf besteht aus ca. dreißig gefiederten Blättern, die jeweils drei bis sieben Meter lang werden. Kokospalmen können zwischen 20 und 30 Meter hoch werden.

Erst nach sechs oder sieben Jahren tragen Kokospalmen **Früchte.** Dann aber das ganze Jahr hindurch, denn die Kokosnüsse reifen nicht alle zur selben Zeit. Der Ertrag pro Jahr und Palme beträgt zwischen 30 und 40 Früchten. Kokospalmen liefern maximal für 80 Jahre Früchte. Als Höchstalter können sie bis zu 120 Jahre erreichen.

Kokosnüsse gehören, anders als ihr Name vermuten lässt, nicht zu den Nüssen. Es handelt sich bei den Früchten um **Steinfrüchte.** Diese haben einen interessanten Aufbau:
Die äußerste Schicht ist grün bis hellbraun und wasserdicht. Sie wird nach der Ernte entfernt, um beim Transport Platz zu sparen.
Uns als das typische Aussehen der Kokosnuss bekannt, ist die nächste faserige dunkelbraune Schicht.
Darunter befindet sich die harte Schale gefolgt von einer sehr dünnen braunen, weichen Schicht.
Diese umgibt das weiße Fruchtfleisch, das auch **Kopra** genannt wird.
Der Hohlkörper wird von bis zu einem Liter **Kokoswasser** ausgefüllt.

Kokosnüsse werden weltweit in den Tropen angebaut. Die Bäume bevorzugen eine mittlere Jahrestemperatur von 27 °C. **Hauptexporteur** von Kokosnüssen ist neben Indonesien, den Philippinen, Indien und Sri Lanka auch Brasilien.

Kokospalmen werden bereits seit über 3.000 Jahren in Südostasien und Indien kultiviert. Man vermutet, dass ihre **ursprüngliche Heimat** in Indonesien liegt.

Weltweit verbreitet wurden Kokosnüsse in erster Linie durch Seefahrer. Da die Früchte aber auf Wasser schwimmen und in Salzwasser bis zu hundert Tage keimfähig bleiben, ist die **Verbreitung** der Kokosnüsse bis zu einem gewissen Grad auch auf natürliche Weise erfolgt. Das Fehlen schriftlicher Zeugnisse deutet darauf hin, dass sie Südamerika, genauer Panama, eventuell ohne menschliches Zutun erreicht haben.

## ... *das kann ich*

- unterstütze beim Abnehmen
- wirke antimikrobiell und antiviral (→ Laurinsäure)
- stärke die Gehirnfunktionen (→ Kupfer)
- liefere Mineralstoffe und Spurenelemente
- unterstütze den Darm
- sorge für schöne Haut und Haare

Obwohl Kokosnüsse sehr fett sind, können sie beim **Abnehmen** unterstützen. Die in den Früchten enthaltenen Fettsäuren sind nämlich mittelkettige Triglyceride. Tierische Fette, etwa aus Milch, sind hingegen langkettig. Die mittelkettigen Fettsäuren können vom menschlichen Körper sehr schnell abgebaut werden, was vor Heißhungerattacken schützt.

Das Fruchtfleisch der Kokosnüsse enthält die antimikrobiell und antiviral wirkende **Laurinsäure.** Diese kann die Zellwände von Mikroorganismen zerstören, wodurch sie uns vor gefährlichen Erregern schützen kann.

Kokosnüsse enthalten viel **Kupfer.** Dieses ist zur Bildung von Neuro-transmittern notwendig. Der Verzehr von Kokosnüssen kann also die Gehirnfunktionen stärken.

Neben Kupfer enthält das Kokoswasser noch viele weitere **Mineral-stoffe** und **Spurenelemente.** Besonders nach heftigem Schwitzen eignet sich Kokoswasser daher hervorragend als Erfrischungsgetränk, da es den Körper wieder mit jenen Mineralien und Spurenelementen versorgt, die mit dem Schweiß verlorengegangen sind.

Natürlich ist auch der hohe Ballaststoff-Anteil in Kokosnüssen für den Menschen von Vorteil. Die Ballaststoffe unterstützen zum einen den **Magen-Darm-Trakt** und regulieren zum anderen den Blutzucker-spiegel.

In der Kosmetik wird Kokosöl in zahlreichen Produkten für **Haut** und **Haare** verwendet, da es die Haut elastischer und die Haare stärker machen soll.

Geerntet werden Kokosnüsse meist vom Boden aus mittels Messern, die an langen Stielen befestigt sind. Teilweise wird auch auf die Bäume geklettert, um die Früchte von oben zu ernten. In Indonesien und Thailand werden jedoch auch dressierte **Affen als Erntehelfer** eingesetzt, die auf die Bäume klettern und die Früchte auf Anweisung so lange drehen, bis sie sich von der Palme lösen.

Anders als man vielleicht glauben mag, entsteht die **Kokosmilch** nicht in der Frucht selbst. Der Hohlraum der Kokosnuss enthält Kokoswasser, dieses hat mit der Kokosmilch aber nichts zu tun. Bei Kokosmilch handelt es sich um mit Wasser püriertes Fruchtfleisch.
Kokoscreme ist wiederum eine Mischung aus Kokosmilch und Kokosfett.

8% des weltweiten **Pflanzenöls** stammt von Kokosnüssen.

Die deutsche **Bezeichnung Kokos** stammt vom Altgriechischen *kókkos,* was Kern oder Beere bedeutet.

K wie ...

# KÜRBIS

*Cucurbita sp., Bebirna, Malune, Plutzer, Torkappel*

 Kürbisse gehören zur Familie der Kürbisgewächse. Es gibt unzählige **Kürbissorten.**

Botanisch gesehen sind Kürbisse **Beeren.** Da sie jedoch nur einjährig sind, zählen sie trotzdem zum Gemüse.

Kürbisse werden auf allen Kontinenten (mit Ausnahme der Arktis) kultiviert. Sie wachsen sowohl in heißen, trockenen als auch in kühlen, feuchten Gebieten. Jedoch sind alle Kürbis-Arten **frostempfindlich.**

Kürbisse werden hauptsächlich als gekochtes, gebratenes oder gebackenes Gemüse verwendet.
Der Kürbis stammt **ursprünglich** aus Nordamerika. Schon die indigene Bevölkerung hatte das in Streifen geschnittene Fruchtfleisch roh getrocknet und auf diese Weise haltbar gemacht.

Bereits seit dem **16. Jahrhundert** werden Kürbisse weltweit angebaut, was sicherlich der Tatsache zu verdanken ist, dass sie sehr anspruchslos sind und leicht kultiviert werden können.

**G**

## ... das kann ich

- unterstütze die Verdauung (→ Ballaststoffe)
- wirke antioxidativ (→ Beta-Carotin)
- stärke die Sehkraft (→ Beta-Carotin)
- schütze Harnwege, Blase und Prostata

Weil Kürbisse zu 90% aus Wasser bestehen und ansonsten einen hohen Anteil an **Ballaststoffen** haben, sind sie sehr kalorienarm. Gleichzeitig wirken sie durch ihre Ballaststoffe sättigend, unterstützen die Verdauung und können Giftstoffe ausleiten. Da die Kohlenhydrate vom Körper nur langsam in Zucker umgewandelt werden, haben Kürbisse auch das Potenzial, den Blutzuckerspiegel zu regulieren.

Kürbisse enthalten viel **Beta-Carotin.** Dabei handelt es sich um einen Pflanzenfarbstoff, der für die orange Farbe des Kürbisses verantwortlich ist. Für den Menschen hat Beta-Carotin mehrere positive Eigenschaften. Zum einen ist es ein Antioxidans, das als Zellschutz und Entzündungshemmer fungiert und damit auch potenzielle Krebszellen neutralisieren und durch die Sonne geschädigte Hautzellen regenerieren kann.
Zum anderen wandelt unser Körper Beta-Carotin in **Vitamin A** um. Dieser Nährstoff ist nicht nur für die Gesunderhaltung von Haut und Schleimhäuten notwendig, sondern auch für die Sehkraft von großer Bedeutung.

Auch die Samen der Kürbisse, die Kürbiskerne, sowie das Kürbiskernöl können von uns gesundheitlich genutzt werden. Sie haben laut zahlreicher Studien positive Effekte auf die **Harnwege,** die **Blase** und die **Prostata.**

**I** Beim **Kauf** von Kürbissen sollte man darauf achten, dass sie noch den Stiel haben und dass sie hohl klingen, wenn man darauf klopft. Letzteres ist nämlich ein Zeichen dafür, dass sie reif sind.

Wenig bekannt ist, dass außer dem Fruchtfleisch und den Samen (Kernen) der Kürbisse auch die **Blätter** als Gemüse verwendet werden können.

Für die Herstellung von **Kürbiskernöl** werden speziell gezüchtete Kürbissorten, sogenannte Ölkürbisse, verwendet, deren Samen keine Schalen haben.

In den Vereinigten Staaten wird zu Thanksgiving traditionellerweise *pumpkin pie,* also Kürbiskuchen, serviert.

Während *pumpkin* und *squash* **englische Bezeichnungen** für Speisekürbisse sind, gibt es für Zierkürbisse ein eigenes Vokabel: *gourd.* Übrigens werden sie auch in Indien *pumpkins* genannt.

Während im Disneyfilm **„Cinderella"** aus dem Jahr 1950 wie im Märchen „Cendrillon" (1697) von Charles Perrauld ein Kürbis in eine gläserne Kutsche verwandelt wird, haben die Gebrüder Grimm dieses Motiv in ihrem Märchen „Aschenputtel" (1812) nicht aufgenommen.

Der Brauch, Kürbisse zu Halloween, also am 31. Oktober, auszuhöhlen und als **Laterne,** sogenannte Jack O'Lanterns, zu verwenden, stammt eigentlich aus Irland, hat sich aber mittlerweile weltweit verbreitet. Der Brauch leitet sich aus einer Sage ab, nach der der Bösewicht Jack Oldfield den Teufel eingefangen hatte und ihn nur unter der Bedingung freilassen wollte, dass ihm der Teufel nicht mehr in die Quere kommen möge. Als Jack O starb, kam er nicht in den Himmel, wurde vom Teufel aber auch nicht in die Hölle eingelassen. Aus Mitleid schenkte der Teufel Jack O aber eine Rübe und eine glühende Kohle. Mit dieser Laterne musste Jack nun durch das Dunkel wandern. Heute gibt es sogar eine eigene Kürbissorte namens Jack-O'-Lantern.

Der **größte Kürbis** wurde vom Belgier Mathias Willemijns im Jahr 2016 gezüchtet und war sage und schreibe 1,2 Tonnen schwer.

Im amerikanischen Bundesstaat Delaware wird jedes erste Wochenende nach Halloween die Weltmeisterschaft des **Kürbisweitwurfs** ausgetragen. Beim sogenannten „Punkin' Chunkin" wird mit diversen Hilfsmitteln und Geräten versucht, den Kürbis so weit wie möglich zu schleudern. Der aktuelle Rekord liegt bei 1.325 Metern und wurde durch eine Luftdruckkanone erreicht.

# MANGO

*Mangifera indica*

Die Mango gehört wie Cashew-Nüsse und Pistazien zur Familie der Sumach-gewächse. Mangobäume sind immergrün und können eine Höhe von 45 Metern erreichen.

Mangos benötigen vom Verwelken der Blüte an ganze drei bis sechs Monate, bis sie reif sind. Reife Mangos können bis zu zwei Kilogramm wiegen. Die Farbe reifer Früchte reicht von grün über gelb bis rot, kann auch gemischt sein und sagt nichts über den Reifegrad aus.

Es gibt mehr als 1.000 Mangosorten, die sich in Größe, Farbe und Geschmack unterscheiden. Man teilt sie in indische und philippinische Früchte ein, wobei erstere größer sind.

Mangos werden heute weltweit kultiviert. Obwohl sie aus dem tropischen Regenwald stammen, werden sie heute nicht nur in Mittel- und Südamerika, der Karibik und in den tropischen Teilen Afrikas kultiviert, sondern auch in den USA, in Australien, weiten Teilen Asiens und sogar in Europa. In Europa werden Mangos hauptsächlich an der Costa del Sol und auf den kanarischen Inseln (Spanien) produziert, sie werden aber auch in Italien angepflanzt.

Hauptproduzent ist Indien, das Land, aus dem sie ursprünglich kommen, mit 10–15 Mio. Tonnen pro Jahr.

Die Mango ist ursprünglich in Indien und Borneo heimisch. Von den Indern wurde sie bereits vor über 4.000 Jahren als Nationalfrucht verehrt. Zu ihrer Verbreitung trugen vermutlich buddhistische Mönche, Missionare und Piraten bei.

Im 16. Jahrhundert brachten portugiesische Seefahrer die Frucht von Indien nach **Europa** und Afrika. Über Afrika gelangte die Mango auch nach Amerika.

Seit Ende des 19. Jahrhunderts wird die Mango auch in **Australien** kultiviert.

**G**

## ... *das kann ich*

- unterstütze die Sehkraft (→ Carotinoide)
- schütze die Gehirnzellen (→ Beta-Carotin)
- wirke antioxidativ (→ sekundäre Pflanzenstoffe)
- wirke antimikrobiell, entzündungshemmend und antikanzerogen (→ Mangiferin)

Mangos sind reich an **Carotinoiden.** Besonders bezüglich Beta-Carotin stechen die Früchte hervor. Dieses Provitamin hat antioxidative und damit entzündungs- und krebshemmende Wirkung. Außerdem wird es im Körper je nach Bedarf in Vitamin A umgewandelt. Dieses ist unter anderem für Haut und Schleimhäute sowie für den Sehvorgang von Bedeutung. Lutein und Zeaxanthin, zwei weitere Carotinoide, können die Augen und die Sehkraft ebenfalls schützen.

**Beta-Carotin** hat noch weitere positive Eigenschaften. Es verbessert die Kommunikation zwischen unseren Hirnzellen und erhöht sogar deren Lebensdauer. In Studien wurde ein Zusammenhang zwischen Alzheimer und einem Mangel an Beta-Carotin festgestellt.

Mangos sind weiters reich an antioxidativen **sekundären Pflanzenstoffen** (Mangiferin, Catechine, Quercetin, Kaempferol, Anthocyane, Gallussäure, Ellagsäure) und zeichnen sich dadurch aus, dass diese harmonisch zusammenwirken und einander deshalb in ihrer Wirkung perfekt ergänzen und sogar verstärken.

Besonders hervorzuheben ist bei der Mango das **Mangiferin.** Es befindet sich vor allem in den Blättern und der Rinde des Mangobaums.

Für uns Menschen wirkt es antimikrobiell, entzündungshemmend, antikanzerogen und antiallergisch. Außerdem schützt es unsere Leber- und Nervenzellen, unterstützt bei der Regulation des Blutzuckers und schützt die Haut vor UV-Strahlung. Aus diesem Grund werden Mango-Extrakte gerne in der Kosmetikindustrie verwendet.

Die Mango ist nicht nur Obst und Heilpflanze, sie wird auch zur **Ölproduktion** verwendet. Aus ihren Samen wird Mangokernöl hergestellt. Es wird ebenfalls in der Kosmetikindustrie verwendet, da es rückfettende und feuchtigkeitsspendende Eigenschaften hat.

Dass Mangos **reif** sind, erkennt man zum einen daran, dass sie wenige Millimeter große schwarze Punkte haben, und zum anderen daran, dass sie duften und auf Druck etwas nachgeben.

**Lagerung:** Reife Mangos müssen innerhalb von zwei Tagen verzehrt werden. Kauft man unreife Früchte, können sie länger gelagert werden, weil sie dann zu Hause erst nachreifen. Mangos sind übrigens empfindlich gegenüber dem Reifungsgas Ethylen. Je nach gewünschtem Effekt, können sie also neben Ethylen produzierenden Früchten und Gemüsesorten gelagert werden. Mangos sollten nicht im Kühlschrank aufbewahrt werden, da das Fruchtfleisch unter 8 °C den Geschmack verliert.

Entgegen häufigen Meinungen ist die **Mangoschale** nicht giftig. In vielen asiatischen Ländern ist es vollkommen normal, die Schale mitzuessen. Mangoschalen bergen jedoch die Gefahr, aufgrund der enthaltenen Urushiole allergische Reaktionen hervorzurufen.

Der angeblich **älteste Mangobaum** steht in Indien. Er ist ca. 300 Jahre alt und trägt immer noch Früchte.
Im **indischen Brauchtum** ist die Mango fest verankert: Zu Neujahr wird sie zum Segen des jeweiligen Hauses vor die Eingangstür gehängt. Dem Brautpaar geschenkt, sollen Mangoblätter Glück und gesunde Kinder bescheren. Außerdem sagt man der Frucht nach, dass sie Wünsche erfüllen kann.
Im Hinduismus gilt die Mango als Speise der Götter und wird gerne als Opfergabe dargebracht.

**M** *wie ...*

# MEERRETTICH

*Armoracia rusticana, Kren, Bauernsenf, Märek, Mirch, Pfefferwurzel, Rachenputzer, Waldrettich*

**Heimische Erntezeit:** Oktober bis November

 Der Meerrettich ist ein **frostfestes** Gemüse aus der botanischen Familie der Kreuzblütengewächse. Er ist die schärfste Wurzel unter den Rettichen.

Meerrettich wird in ganz Mittel- und Osteuropa, aber auch in Asien und in Nordamerika angebaut und kommt auch häufig **verwildert** vor, und zwar bevorzugt an Bachufern und auf feuchten Wiesen.

Um den Bedarf an Meerrettich in unseren Breiten zu decken, wird das Gemüse aus Ungarn und Südeuropa **importiert.**

Verwendet werden vom Meerrettich ausschließlich die **Wurzeln,** nicht jedoch die Blätter.

Der grüne **Wasabi** wird häufig als „japanischer Meerrettich" bezeichnet. Tatsächlich sind die beiden Pflanzen aber botanisch nur sehr entfernt miteinander verwandt. Der Geschmack ist jedoch ähnlich, weshalb in bei uns erhältlichen Wasabi-Pasten oft der billigere Meerrettich den Hauptbestandteil ausmacht. Er wird hierfür mit grüner Lebensmittelfarbe eingefärbt.

Im Unterschied zu Chilis, die durch das enthaltene Capsaicin scharf auf der Zunge schmecken, empfinden wir die **Schärfe** von Meerrettich hauptsächlich in der Nase und im Rachen, da wir die für die Schärfe verantwortlichen ätherischen Öle einatmen.

Es gibt keine unterschiedlichen **Sorten,** wohl aber verschiedene Auslesen, die sich sowohl in Aussehen als auch in Geschmack leicht unterscheiden.

**H** **Ursprünglich** kommt Meerrettich aus Ost- und Südeuropa, vermutlich aus Moldawien oder der Ukraine.

Dass Meerrettich bereits in der **Antike** verwendet wurde, beweisen Wandgemälde in Pompeji. Auch der römische Staatsmann Cato der Ältere (234–149 v. Chr.) beschäftigte sich in seiner Abhandlung zum Ackerbau mit der scharfen Wurzel.

In Deutschland wird Meerrettich seit dem **Mittelalter** angebaut, wurde zunächst aber nur als Heilpflanze genutzt. So wurde Meerrettich z.B. bei Vergiftungen in größeren Mengen gegessen, um das Erbrechen zu fördern. Aus Deutschland, genauer aus dem Spreewald, wurde das Gemüse auch nach Nordamerika gebracht.

... *das kann ich*

- bin ein natürliches Antibiotikum (→ Senföle)
- fördere die Durchblutung (→ Senföle)
- schütze vor Erkältungskrankheiten (→ Senföle, Vitamin C)
- fördere die Nierentätigkeit
- senke den Cholesterinspiegel

Die **Senföle** des Meerrettichs sind nicht nur für seine Schärfe verantwortlich, sondern machen die Wurzel auch zu einem natürlichen Antibiotikum. Sie wirken antibakteriell, antiviral, antifungizid, reinigend und durchblutungsfördernd. Da Meerrettich außerdem wärmt und die Durchblutung in den Schleimhäuten steigert, nutzt man ihn bei Erkrankungen wie Husten, Schnupfen und Atemwegsbeschwerden.

In Kombination mit seinem **Vitamin-C**-Gehalt, der doppelt so hoch ist wie der der Zitrone, ist Meerrettich deshalb ein hervorragender Schutz vor Erkältungen. Im Mittelalter wurde er bereits gegen die Vitamin-C-Mangelerkrankung Skorbut verabreicht.

Äußerlich als Umschlag angewendet, wirkt Meerrettich gegen **Gicht, Rheuma** und **Nervenschmerzen.** Auch Insektenstiche werden durch das Einreiben mit Meerrettich gelindert.

Der Geruch des geriebenen Meerrettichs soll außerdem Kopfschmerzen vertreiben und Verspannungen lösen.

Wegen seiner reinigenden Wirkung wird Meerrettich auch zur Förderung der **Nierentätigkeit** und der Verdauung genutzt und bei Harnwegsentzündungen und Blasenleiden eingesetzt. Darüber hinaus wirkt er schweißtreibend und schleimlösend. Weiters fördert er die Fettverdauung und reguliert den **Cholesterinspiegel.**

**Vorsicht:** Da vor allem frischer Meerrettich Magen und Nieren reizen kann, sollte er nicht von Personen verzehrt werden, die ein Nierenleiden, Magen- oder Darmgeschwüre oder eine Schilddrüsenfehlfunktion haben. Auch bei Kindern unter vier Jahren sollte die scharfe Wurzel nicht als Heilmittel angewendet werden. Meerrettich kann zudem bei äußerlicher Anwendung zu Hautreizungen oder sogar allergischen Reaktionen führen.

In Österreich und Süddeutschland bezeichnet man den Meerrettich als **Kren.** Dieser Name deutet auf die Herkunft der scharfen Wurzel hin, denn auch in verschiedenen ost- und südeuropäischen Sprachen wird der Meerrettich so genannt. Das slawische Wort *kořen* steht für Wurzel, *krenas* bedeutet weinen. Es fällt nicht schwer, hier eine Analogie zu den tränenden Augen beim Reiben der scharfen Wurzel herzustellen.

Zur Herkunft des **Wortes Meerrettich** gibt es drei unterschiedliche Theorien. Volksetymologisch wird der Begriff damit erklärt, dass die Wurzel am Wasser und damit auch an Meeresküsten wächst. Eine andere Theorie besagt, dass der Begriff vom Wort „Mähre" für altes Pferd stammt. Dies würde auch die englische Bezeichnung „horseradish" und den französischen Namen „radis de cheval" erklären. Am wahrscheinlichsten scheint jedoch zu sein, dass sich Meerrettich von „raphanus major" für größerer (also mehr) Rettich, abgeleitet hat, wie er in dem Buch „Garten der Gesundheyth" aus dem 16. Jahrhundert benannt wurde.

Die Meerrettichwurzel ist in unverarbeitetem Zustand geruchlos. Erst wenn die Zellen verletzt werden, entwickelt sich der **scharfe Geruch** und Geschmack. Diese Reaktion kann durch Essig gestoppt werden.
Wenn Meerrettich getrocknet oder gekocht wird, verliert er ebenso einen Großteil des flüchtigen Öls und damit auch seine Schärfe. Auch durch die Lagerung wird Meerrettich milder.

Am besten **lagert** man Meerrettich in der Erde oder im Keller in Sand. Dabei verliert er nicht an Qualität. Im Freien verträgt er ohne Weiteres Temperaturen bis -5 °C. Alternativ kann man ihn ungewaschen in ein mit Essig befeuchtetes Tuch wickeln und im Kühlschrank lagern. Auf keinen Fall sollte man ihn in Folie wickeln.

**Kochtipps:** Meerrettich wird bitter, wenn man ihn zu stark erhitzt. Der geriebene Meerrettich bleibt weiß, wenn man ihn mit etwas Zitronensaft beträufelt.

Zur **Zubereitung** muss die Meerrettichwurzel gewaschen, geschält und gerieben werden. Wenn man die geschälten Wurzeln für eine halbe Stunde in Wasser einlegt, erhöht sich ihre Festigkeit und sie lassen sich leichter reiben. Beim Reiben selbst sollte die Wurzel genau senkrecht zur Reibefläche stehen. Ansonsten franst sie aus und lässt sich schwerer bearbeiten.

**Aberglaube:** Früher sagte man dem Meerrettich heilende Kräfte nach. Deshalb trug man ihn auch gerne in Scheiben geschnitten als Halskette. Außerdem glaubte man, dass eine Scheibe Meerrettich im Geldbeutel dafür sorgen würde, dass dieser niemals leer würde.

**Sprichwort:** In Österreich gibt es den Ausdruck „einen Kren reißen". Bezeichnet wird damit eine Situation, in der sich jemand ungefragt einmischt und wichtig macht. Der Wichtigtuer wird dementsprechend auch „Krenraspel" genannt.

Meerrettich ist ein typisches **Ostersymbol.** Dies hat seinen Ursprung im jüdischen Glauben. Als Erinnerung an die in Ägypten versklavten Vorfahren wird beim jüdischen Pessachfest „Bitterkraut", also Meerrettich, gegessen.

Auch im christlichen Glauben wird zu Ostern, genauer gesagt am Karsamstag, Meerrettich verzehrt, um an die Leiden Christi zu erinnern.

## Meerrettich-Apfel-Suppe

4 Portionen

| | |
|---|---|
| 1 EL | Butter |
| 1 | Zwiebel, gewürfelt |
| 1 | Apfel, gewürfelt |
| 150 ml | Apfelwein |
| 500 ml | Gemüsebrühe |
| 50 g | Meerrettich, gerieben |
| 1/2 TL | Paprika scharf (je nach Wunsch) |
| 1 TL | Zitronenschalenabrieb |
| 1 EL | Zitronensaft |
| 1 TL | Zucker |
| 200 ml | Sahne |
| | Salz, Pfeffer |

Butter erhitzen, bis sie zu bräunen beginnt und ein fantastisches Nussaroma freisetzt. Darin Zwiebelwürfel und Apfelstücke andünsten.

Mit Apfelwein aufgießen, etwas einkochen lassen. Gemüsebrühe hinzugeben und die Suppe ca. 15 min. bei kleiner Flamme köcheln lassen.

Anschließend pürieren. Meerrettich und Gewürze sowie Zucker und Sahne dazugeben. Suppe mit Salz und Pfeffer abschmecken und gegebenenfalls nachwürzen.

M wie ...

# MUSKATNUSS

*Myristica fragrans*

 Die Muskatnuss ist der **Samen des Muskatnussbaumes.** Er befindet sich in der gelblich-orangen Frucht, der eigentlichen Muskatnuss. Umgeben ist der Samen vom rötlichen und öligen Samenmantel, der auch Muskatblüte oder Macis genannt wird und von einer Schale umgeben ist. Sowohl der Samen als auch der Samenmantel werden als Gewürz verwendet.

Die **ursprüngliche Heimat** der Muskatnuss liegt auf den Banda Inseln und den nördlichen Molukken in Indonesien.

Muskatnüsse sind das **Hauptexportprodukt Grenadas,** einer Insel der Kleinen Antillen. Dort ist die Muskatnuss auch Bestandteil der Flagge. Grenada ist dabei für 20% der globalen Muskatnuss-Produktion verantwortlich. Aus Indonesien kommen sogar 75% der Weltproduktion. Daneben werden sie heute auch im tropischen Asien, in Südamerika und in Afrika kultiviert.

Die **jährliche weltweite Produktion** von Muskatnüssen beträgt etwa 10.000 Tonnen. An Muskatblüte werden jährlich etwa 1.800 Tonnen produziert.

**Hauptimporteure** sind die Europäische Union, die USA, Japan und Indien.

 Man geht davon aus, dass die Muskatnuss im alten **Ägypten** nicht bekannt war. Grabbeigaben, die man zunächst als Muskatnüsse identifizierte, stellten sich als Palmfrüchte heraus.

In anderen Teilen der Welt kannte man die Muskatnuss sehr wohl bereits in der Antike. **Plinius der Ältere** beschrieb sie 79 n. Chr. in seiner *Naturalis historia.* Es gibt auch Belege dafür, dass sie im 6. Jahrhundert in Byzanz bekannt war.

**Nach Europa** gelangte die Muskatnuss vermutlich durch die Kreuzfahrer. Die ersten Aufzeichnungen, die ohne Zweifel die Muskatnuss beschreiben, stammen von Konstantin, dem Afrikaner, und dem byzantinischen Arzt Simon Seth aus dem 10. Jahrhundert. Der Arzt erkannte sie damals bereits als Heilmittel, warnte gleichzeitig aber auch vor übermäßigem Verzehr, der dem Verdauungsapparat schade.

Ab dem frühen **16. Jahrhundert** begannen die Portugiesen, die Muskatnuss gemeinsam mit der Gewürznelke von den Banda-Inseln nach Europa einzuführen. In Europa wurden die Samen zum 600-fachen Wert des Einkaufspreises verkauft, was der Muskatnuss auch den Namen „Gold Ostindiens" eintrug und sie unter anderem zu einem Grund für zahlreiche kriegerische Auseinandersetzungen zwischen den europäischen Seemächten Portugal, Spanien, Großbritannien und den Niederlanden machte.

Den Sieg über den Muskatnuss-Import sicherten sich zunächst die Niederlande. Anfang des **17. Jahrhunderts** wurde unter Generalgouverneur Jan Pieterszoon Coen die einheimische Bevölkerung der Banda-Inseln ausgerottet. Als Arbeiter wurden Sklaven aus anderen Gebieten eingesetzt. Dies sicherte den Niederländern für eineinhalb Jahrhunderte den Monopolhandel mit Muskatnüssen.

Indirekt hatte die Muskatnuss eine enorme Bedeutung für die heutigen USA. Die Niederländer tauschten mit den Briten nämlich am 18. April 1667 die **Insel Manhattan,** mit damals nur etwa 1.000 Einwohnern, gegen die winzige ostindische Insel Run, die nur eine Länge von ca. 3 Kilometern und eine Breite von 750 Metern hatte, auf der aber Muskatnussbäume wuchsen.

Um den Preis zu steigern, verbrannten die Niederländer 1735 **570 Tonnen** an Muskatnüssen.

1753 konnte der französische Statthalter von Mauritius, Pierre Poivre, einige Muskatnussgewächse nach Mauritius schmuggeln und so auch dort einen Plantagenanbau etablieren. Das niederländische **Handelsmonopol** konnten aber erst die Briten Ende des **18. Jahrhunderts** brechen, nachdem sie die Molukken eroberten, wo der Muskatnussbaum ebenfalls heimisch war. Durch die Briten wurde die Pflanze dann auch in Singapur, Penang, Sumatra, Sri Lanka und auf den westindischen Inseln angebaut.

# ... das kann ich

- unterstütze die Verdauung
- wirke antimikrobiell
- wirke schmerzlindernd
- fördere die Gehirnleistung
- beuge Krebs- und Herz-Kreislauf-Erkrankungen vor (→ Lycopin)

Die Muskatnuss wird in der Ayurveda traditionell gegen Durchfallerkrankungen eingesetzt. Studien haben die diesbezügliche Wirkung des Samens bestätigt, die auf die antimikrobiellen Eigenschaften zurückzuführen ist. Insgesamt wirkt die Nuss positiv auf die **Verdauung:** Durch sie werden die Darmwände durchlässiger für Nährstoffe, sie lindert Blähungen und regt außerdem den Appetit an. Besonders empfohlen wird der vermehrte Konsum der Muskatnuss bei einer Ernährungsumstellung.

Aufgrund ihrer antimikrobiellen Wirkung wird die Muskatnuss nicht nur zur Konservierung von Speisen verwendet, sie kann auch innerlich und äußerlich angewendet gegen **Infektionskrankheiten** eingesetzt werden.

Die Muskatnuss wirkt außerdem leicht **schmerzlindernd.**

Auch ihr Einsatz zur Stärkung der geistigen Leistungsfähigkeit ist eine traditionelle Anwendung der Muskatnuss. So empfahl Hildegard von Bingen den Samen zur Steigerung der **Gehirnleistung.**

Ein Inhaltsstoff der Muskatnuss verdient es, besonders hervorgehoben zu werden. Wie Tomaten und Hagebutten enthalten auch Muskatnüsse das Carotinoid **Lycopin.** Dieses wirkt als starkes Antioxidans, das nicht nur vor vorzeitiger Zellalterung schützt, sondern auch bestimmten Krebserkrankungen und Herz-Kreislauf-Erkrankungen vorbeugt.

Da die ätherischen Öle der Muskatnuss leicht flüchtig sind, sollte man das Gewürz immer **nur frisch gerieben** verwenden. Besonders gut harmoniert Muskatnuss mit Kartoffelgerichten, Suppen und Eintöpfen sowie bestimmten Fleischgerichten.

In der Lebensmittelindustrie wird die Muskatnuss vor allem als **Muskatöl** eingesetzt, denn dieses ist aufgrund seines standardisierten Aromas besser dosierbar. Als Würzmittel wird es nicht nur in pikanten Speisen verwendet, sondern auch in Backwaren, Sirupen, Getränken und Süßigkeiten.

Das **ätherische Öl** wird auch gerne als Geschmackskorrigens für Arzneimittel verwendet oder auch als Aromastoff Zahnpasten zugesetzt. Auch für herbe Männerparfums wird es genutzt.

Minderwertige Samen, die sich nicht als Gewürz verkaufen lassen, werden zur Herstellung von **Muskatnussbutter** genutzt. Aus dieser fettigen Substanz, der die ätherischen Öle bereits weitgehend entzogen sind, werden Kerzen, Seifen und Parfums hergestellt.

Der **deutsche Name** der Muskatnuss geht über das französische *noix muscat* auf das mittellateinische *Nux muscata* zurück, was so viel bedeutet wie „nach Moschus duftende Nuss".

Dass Muskatnüsse nicht nur eine gesundheitliche, sondern auch eine **Rausch-wirkung** haben, ist weithin bekannt. Erstmals beschrieben wurde letztere im Jahr 1829 von Jan Evangelista Purkyně. Zurückzuführen ist diese auf den im ätherischen Öl der Muskatnuss enthaltenen psychotropen Wirkstoff Myristicin. Um eine derartige Wirkung zu erreichen, müssen aber wesentlich größere Mengen an Muskatnuss konsumiert werden, als dies üblicherweise bei der Nutzung als Gewürz der Fall ist. Tatsächlich sind die Mengen so groß, dass sie aufgrund des intensiven Geschmacks Brechreiz auslösen.

Der Muskatnuss werden nach wie vor zahlreiche **abergläubische Wirkungen** zugeschrieben. In Peru wird manchmal noch eine Muskatnuss gegen Hexerei am Hals getragen.

Im europäischen Mittelalter galt die antibakteriell wirkende Muskatnuss als vermeintliches **Heilmittel gegen die Pest.**

Besonders **in der Seefahrt** wurde die Muskatnuss zu verschiedenen Zwecken genutzt. Ihre konservierende Wirkung machte man sich zunutze, indem man Fleisch mit ihr einrieb.
Dies verlangsamte zum einen die Oxidation, zum anderen überdeckte das intensive Aroma der Muskatnuss den Geschmack von bereits verdorbenen Lebensmitteln. Und im Körper entfaltete die Muskatnuss zusätzlich eine positive Wirkung, weil sie zur besseren Verdauung beitrug und Blähungen, Durchfällen und Magenkrämpfen vorbeugte.

## Muskatnuss-Eis

4 Portionen

| | |
|---|---|
| 250 ml | Milch |
| 1 TL | geriebene Muskatnuss |
| 4 | Eigelb |
| 150 g | Zucker |
| 250 ml | Sahne |

Milch mit frisch geriebener Muskatnuss erhitzen. Eigelb und Zucker in eine Schüssel geben. Die heiße Milch unter Rühren langsam hinzugeben. Diese Mischung mit einem Schneebesen über einem heißen Wasserbad cremig schlagen, danach kalt rühren.
Die Schlagsahne fest aufschlagen und vorsichtig unter die kalte Eiermilch heben.
Masse in eine Eismaschine füllen oder in mehreren Schritten im Gefrierschrank frieren lassen (dazwischen immer wieder durchrühren).

wie ...

# ORANGE

*Citrus × sinensis L., Apfelsine*

Die Orange ist die weltweit **am häufigsten angebaute** Zitrusfrucht. Sie ist durch die Kreuzung von Mandarine (*Citrus reticulata*) und Pampelmuse (*Citrus maxima*) entstanden.

Der **Orangenbaum** ist immergrün und wird zwischen 3 und 10 Meter hoch. Bei den Früchten handelt es sich botanisch gesehen um Beeren.

Es gibt weltweit über **600 Orangen-Sorten.** Grob werden sie eingeteilt in Bitterorangen (Pomeranzen) und süße Orangen. Letztere werden gegliedert in Blondorangen (auch Rundorangen), Navel-Orangen, pigmentierte Orangen (Blut- und Halbblutorangen) sowie säurefreie Orangen.

- Auch die Bitterorange ist eine Kreuzung zwischen Mandarine und Pampelmuse.

- Rundorangen sind wirtschaftlich von größter Bedeutung.

- Navel-Orangen sind kernlos und lassen sich leicht schälen. Man erkennt sie an ihrer charakteristischen Narbe am Blütenansatz, der Ähnlichkeiten mit einem Nabel hat und auch für den Namen der Orangenart verantwortlich ist. Diese Narbe stammt von einer zweiten Frucht, welche die Samen der Orange aufnimmt.

- Blutorangen haben eine dunklere Pigmentierung, sind kernarm und vom Geschmack etwas kräftiger und herber.

- Säurefreie Orangen sind nur von regionaler Bedeutung im mediterranen Raum.

Weltweit wurden 2014 ungefähr **72 Mio. Tonnen** Orangen produziert. Der Löwenanteil davon stammte mit fast 17 Mio. Tonnen aus Brasilien, gefolgt von China mit 8 Mio. t und Indien mit 7,3 Mio. t. Auf Rang 4 und 5 der weltweit größten Orangenproduzenten liegt die USA mit etwas über 6 Mio. t. und Mexiko mit 4,5 Mio. t. Spanien bringt es auf immerhin 3,5 Mio. t Orangen jährlich.

Etwa 85% der weltweit produzierten Orangen werden zu **Orangensaft** weiterverarbeitet. In Florida sind es sogar 90%.

Der jährliche **Pro-Kopf-Konsum** von Orangensaft in Deutschland und Österreich lag in den letzten zehn Jahren jeweils zwischen 7,5 und 9 Litern. 2016 wurden in Österreich 630.000 Hektoliter Orangensaft verkauft.

**Import:** Da Orangen auf der nördlichen Hemisphäre im Winter wachsen, stammen die bei uns in den kalten Monaten angebotenen Früchte vor allem aus Spanien, Italien, Griechenland, Zypern und Israel. Im Sommer werden sie meist aus Südafrika und Brasilien importiert. 2016 wurden 480.000 Tonnen Orangen nach Deutschland eingeführt. Das entspricht 6 Kilogramm Orangen pro Kopf.

Ursprünglich stammt die Orange **aus China.** Sie wurde dort bereits vor 4.000 Jahren kultiviert. Die Früchte wurden von Alexander dem Großen bereits im 4. Jahrhundert v. Chr. nach Rom gebracht, gerieten aber wieder in Vergessenheit.

Während die Bitterorange, die auf Arabisch „narandsch" hieß, bereits im 11. Jahrhundert erneut ihren Weg nach Italien gefunden hat, dauerte es noch 400 Jahre, bis auch die süße Orange **in Europa** eingeführt wurde. Zunächst wurde sie ausschließlich in Portugal kultiviert.

Ab dem **15. Jahrhundert** nahmen spanische, portugiesische und holländische Seefahrer Orangen auch auf ihre Entdeckungsreisen mit, um der Vitamin-C-Mangelerkrankung Skorbut Einhalt zu gebieten. Im Zuge dessen soll Kolumbus die Früchte auf seiner zweiten Reise im Jahr 1493 nach Amerika gebracht haben. Erst 60 Jahre später entstanden die ersten Orangenplantagen in Florida.

Im 16. Jahrhundert war es in Europa in Mode, kleine Orangenbäume als Zierpflanzen zu züchten. Überwintert wurden die Pflanzen in den eigens gebauten **Orangerien.**

# ... *das kann ich*

- stärke die Abwehrkräfte (→ Vitamin C, Selen)
- wirke antioxidativ (→ Vitamin C, sekundäre Pflanzenstoffe)
- sorge für gute Laune (→ Vitamin B1, ätherische Öle)
- bin ein Energielieferant (→ Eisen)

**Vitamin C** ist das Vitamin, das jeder sofort mit Orangen in Verbindung bringt. Und tatsächlich enthalten die Früchte hohe Mengen dieses stark antioxidativ wirkenden Vitamins. Dadurch können Orangen die Abwehrkräfte stärken, was besonders in den Wintermonaten, der Zeit, in der Orangen hauptsächlich angeboten werden, von hohem Nutzen ist.

Zusätzlich enthalten Orangen **Vitamin B1** und B2. Während Vitamin B1 die Nerven stärkt, sorgt B2 für gesunde Haut – ein Effekt, der gerade unserer im Winter strapazierten Haut guttut.
Zusätzlich zum Vitamin B1 sorgen auch die **ätherischen Öle** in der Orangenschale für gute Laune. Bereits der Geruch von Orangen löst über das Limbische System in unserem Gehirn positive Gefühle aus. Deshalb empfiehlt es sich, hochwertiges ätherisches Orangenöl in Duftlampen zu verwenden. Alternativ kann man Orangen auch auf die Heizung legen, sodass sie ihren Duft stärker verströmen.

Auch zahlreiche **antioxidativ** wirkende sekundäre Pflanzenstoffe stecken in Orangen. Sie sitzen vor allem im Zitrusfleisch, jener weißen Schicht, die sich zwischen Fruchtfleisch und oranger Schale befindet. Die sekundären Pflanzenstoffe schützen unsere Zellen vor freien Radikalen und können dadurch Zellalterung und -veränderungen entgegenwirken. Es ist deshalb wärmstens zu empfehlen, die weiße Schicht beim Schälen der Früchte nicht allzu gründlich zu entfernen.

An Mineralstoffen enthalten Orangen unter anderem **Selen,** das auch für die Immunabwehr von großer Bedeutung ist, da es beim Aufbau von Antikörpern gegen Mikroorganismen beteiligt ist. Auch **Eisen** kommt in nennenswerten Mengen vor. Die Früchte sind vor allem deshalb ein hervorragender Eisenlieferant, weil das in ihnen enthaltene Vitamin C für eine bessere Aufnahme des Mineralstoffes sorgt. Eisen wird zum Sauerstofftransport in die Zellen benötigt und ist damit für unseren Energiehaushalt essenziell.

Orangen benötigen zwischen 7 und 8 Monate, also vergleichsweise lange, um zu reifen. Sind sie reif, können sie jedoch ohne Weiteres für einige Monate **am Baum hängend „gelagert"** werden. Das hat den Vorteil, dass so die Orangen-Saison verlängert werden kann.

Die **Farbe der Schale** sagt nichts über den Reifegrad von Orangen aus. Tatsächlich färben sich die Früchte erst durch Kälte orange. Sind sie gelb oder sogar grünlich, deutet dies lediglich darauf hin, dass sie bei warmen Temperaturen gewachsen sind und keinen kalten Nächten ausgesetzt waren. Dementsprechend weisen frühe Ernten eine weniger intensive Farbe auf.

**Beim Kauf** ist darauf zu achten, dass die Orangen nicht verschrumpelt oder beschädigt sind und eine dicke Schale ohne Verletzungen haben. Orangen reifen nach der Ernte nicht nach.

Wie alle Zitrusfrüchte mögen es Orangen nicht zu kalt. Eine **Lagerung** im Kühlschrank ist daher nicht zu empfehlen. Auch zu warm sollten sie nicht aufbewahrt werden, weil sie dadurch austrocknen und ihr Aroma verlieren. Bei Zimmertemperatur sind sie etwa eine Woche lagerbar.

Nach Schokolade und Vanille ist der Orangengeschmack der **drittbeliebteste Geschmack.**

Die **ursprüngliche** deutsche **Bezeichnung** für Orangen lautet Apfelsinen. Der Name leitet sich aus dem Niederländischen ab und bedeutet übersetzt „Apfel aus China".

Anders als man vielleicht glauben würde, leitet sich die **Farbe Orange** nicht von der Frucht ab, sondern umgekehrt, die Orange erhielt ihrer intensiven Farbe wegen ihren Namen.

**Orangeat,** welches in vielen Weihnachtsbäckereien nicht fehlen darf, sind kandierte Schalen der Bitterorange.

# Orangen-Avocado-Salat

4 Portionen

4 Orangen
1 Zwiebel (rot)
2 reife Avocados
1 EL Zitronensaft
2 EL Joghurt
4 EL Olivenöl
2 EL Balsamico (weiß)
Blattsalat (und/oder Kräuter)
nach Belieben
Olivenöl (zum Beträufeln)
Salz, Pfeffer

Orangen schälen und filetieren. Zwiebel in Ringe schneiden. Avocados halbieren, den Kern entfernen, das Fruchtfleisch mit einem Löffel herauslösen, in Würfel schneiden und sofort mit Zitronensaft beträufeln, damit es nicht braun wird.
Joghurt mit Olivenöl und Balsamico verrühren. Mit Salz und Pfeffer abschmecken und die Avocadowürfel damit marinieren.

Anschließend auf Teller anrichten. Blattsalat und/oder Kräuter darübergeben. Orangenfilets sowie Zwiebelringe darauf verteilen. Mit etwas Olivenöl beträufeln und mit frisch gemahlenem Pfeffer würzen.

P wie ...

# PAK CHOI

*Brassica rapa ssp. chinensis, Pok Choi, Paksoi, Bok Choy, (Chin.) Senfkohl, (Chin.) Blätterkohl*

**W** Pak Choi gehört zum **Kohlgemüse** und ist eng mit dem Chinakohl verwandt. Er schmeckt jedoch wesentlich milder. Anders als beim Chinakohl haben die Blätter des Pak Chois immer Stiele.
Außerdem ist Pak Choi leichter zu kultivieren. Vom Aussehen erinnert Pak Choi an Mangold. Er bildet lockere Köpfe mit dunkelgrünen Blättern und hellen Blattrippen.

Die **Hauptanbaugebiete** von Pak Choi liegen in Asien, vor allem in China, Korea und Japan, in feuchtwarmem Klima. Aber auch in gemäßigten Zonen kann die Pflanze kultiviert werden.
Seit 2004 wird Pak Choi auch in den Niederlanden im Treibhaus gezüchtet.

**H** Die **ursprüngliche Heimat** des Pak Chois sind China, Taiwan und Japan. In China wurde Pak Choi zumindest schon im 15. Jahrhundert in großem Maßstab kultiviert.

Nach **Europa** wurde der Pak Choi durch in den Niederlanden lebende Asiaten gebracht. Der genaue Zeitpunkt, zu dem das Gemüse erstmals nach Europa kam, ist aber unbekannt.

... das kann ich

- unterstütze beim Abnehmen
- schütze Augen, Haut und Schleimhäute
  (→ Beta-Carotin)
- unterstütze den Energiestoffwechsel
  (→ B-Vitamine)
- stärke Knochen und Zähne (→ Vitamin K, Kalzium)
- stecke voller Antioxidantien (→ Vitamin A, C)
- wirke antikanzerogen (→ Indol-3-Carbinol,
  Sulforaphan)
- sorge für einen gesunden Darm

Pak Choi unterstützt beim **Abnehmen.** Er liefert sogar sogenannte negative Kalorien, weil sein Verzehr die Verbrennung anderer Kalorien erleichtert und er somit weniger Kalorien in den Körper bringt, als der Körper durch seinen Verzehr verbrennt.

Aus ernährungsphysiologischer Sicht ist Pak Choi wertvoller als andere Kohlgemüse. Er enthält überaus viele Vitamine. An **Beta-Carotin,** der Vorstufe von Vitamin A, hat er wesentlich mehr aufzuweisen als andere Kohlarten wie etwa Blumenkohl. 100 Gramm frischer Pak Choi decken bereits 150% des täglichen Bedarfs an Vitamin A. Dieses Vitamin ist nicht nur für die Augengesundheit von großer Bedeutung, es wird auch für die Gesunderhaltung von Haut und Schleimhäuten benötigt.

Auch an **B-Vitaminen** hat Pak Choi einiges zu bieten. Er enthält Vitamin B1 (Thiamin), B2 (Riboflavin), B5 (Pantothensäure), B6 (Pyridoxin) und B9 (Folsäure). Sie alle unterstützen den Stoffwechsel im menschlichen Körper und sind daher zur Energiegewinnung dringend notwendig. Weiters werden B-Vitamine ganz besonders vom Gehirn benötigt. Durch eine ausreichende Zufuhr der Vitamine kann einer Hirnschrumpfung mit einhergehendem Gedächtnisabbau vorgebeugt werden.

Auch **Vitamin K** ist vielversprechend für die Behandlung von Alzheimer-Patienten, denn es beugt ebenso neuronalen Schäden im Gehirn vor. Zudem wird das Vitamin auch für den Knochenstoffwechsel benötigt. Gemeinsam mit **Kalzium,** das Pak Choi ebenso liefert, sorgt es für gesunde Knochen und Zähne.

Pak Choi liefert außerdem nennenswerte Mengen an **Vitamin C,** das als starkes Antioxidans wirkt und vor Erkältungskrankheiten, Entzündungen und freien Radikalen schützt.

Pak Choi steckt voller Antioxidantien. Neben Vitamin A, B und C enthält er zahlreiche **sekundäre Pflanzenstoffe** wie etwa Indol-3-Carbinol, Lutein, Zeaxanthin, Anthocyane und Sulforaphan. Durch sie alle werden freie Radikale unschädlich gemacht, was vor Entzündungen, Zellalterung und Krebs schützt.
Zur Krebsvorbeugung dienen vor allem **Indol-3-Carbinol** und **Sulforaphan.** In Studien konnte herausgefunden werden, dass ersteres den Zellzyklus von Brustkrebszellen anhält. Das heißt, es verhindert, dass sich die Tumorzellen vermehren. Sulforaphan hemmt Krebsstammzellen und verhindert damit ebenso das Wachstum von Tumoren.

Wie anderes Kohlgemüse hat auch der Pak Choi eine hervorragende Wirkung auf unseren **Darm.** Der Verzehr stimuliert über Umwege die Produktion von lymphatischen Zellen in der Darmschleimhaut. Diese Immunzellen schützen vor schlechten Darmbakterien, vor entzündlichen Darmerkrankungen und senken sogar das Darmkrebsrisiko.
Ein Vorteil von Pak Choi gegenüber anderen Kohlgemüsen ist, dass er wesentlich besser für den Darm verträglich ist und weniger Blähungen und Verdauungsprobleme verursacht als seine Verwandten.

**Ernte:** Pak Choi kann sehr früh geerntet werden. Bereits nach sechs bis acht Wochen hat er eine Höhe von ca. 10 cm erreicht und die Blätter können geerntet werden. Zum Verzehr eignen sich nicht nur die druckempfindlichen Blätter, die rasch verwertet werden sollten, sondern auch die Stiele. Diese können etwa wie Spargel verarbeitet werden. Die Blätter sind sehr hitzeempfindlich und sollten daher nur kurz gedünstet werden.

Die **chinesischen Schriftzeichen** für Pak Choi (*Brassica rapa subsp. chinensis*) sind dieselben wie für Chinakohl (*Brassica rapa subsp. pekinensis*).

P wie ...

# PAPAYA

*Carica papaya, Melonenbaum, Papayabaum*

Die Papaya gehört zur Familie der **Melonenbaumgewächse.** Die Früchte sind botanisch gesehen Beeren. Ihre Schale ist gelblich-grün, das Fruchtfleisch orange bis rosa. Ihre Form ähnelt der von Birnen, sie sind aber wesentlich größer und können ein Gewicht von bis zu 5 Kilogramm erreichen.

Das **Fruchtfleisch** schmeckt süßlich und leicht nach Moschus. Die schwarzen Samen in der Mitte der Frucht haben einen pfeffrigen Geschmack.

Papayas werden weltweit in tropischen und subtropischen Gebieten angebaut. Die **Hauptproduzenten** sind Australien, Indien, Mittel- und Südamerika sowie afrikanische Länder wie Kenia und die Elfenbeinküste.

**Nach Europa** werden hauptsächlich hawaiianische und brasilianische Papayas importiert. Auch sind die bei uns erhältlichen Früchte nicht übermäßig groß und haben für gewöhnlich lediglich ein Gewicht von bis zu einem halben Kilo.

**Ursprünglich heimisch** sind Papayas auf den Westindischen Inseln und an den Küstenregionen Süd- und Mittelamerikas.

Kolumbus nannte die Papaya **„Frucht der Engel".**

Die Spanier begannen schon Anfang des **16. Jahrhunderts** damit, die Papaya auch auf den Antillen und den Philippinen anzupflanzen.

## ... das kann ich

- vertreibe Darmparasiten (→ Papain)
- fördere die Verdauung (→ Papain, Ballaststoffe)
- wirke entzündungshemmend (→ Papain)
- wirke antioxidativ (→ Vitamin C und E)
- beuge Krebs vor

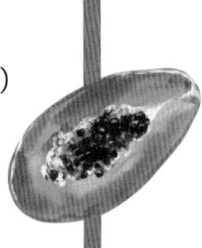

Obwohl sie selten mitgegessen werden, steckt gerade in den Samen der Papaya viel gesundheitliches Potenzial. Sie enthalten nämlich hohe Mengen an Papain. Dabei handelt es sich um ein eiweißspaltendes Enzym, das in Pulverform als Entwurmungsmittel und Zartmacher für Fleisch genutzt wird. Papain ist zwar nicht ausschließlich in den Papayakernen enthalten, sondern auch in den Blättern und vor allem den noch unreifen Früchten, aber in den Kernen ist der Anteil wesentlich höher.

Auch im menschlichen Verdauungstrakt wirkt Papain als Eiweißspalter, mit dessen Hilfe die Aminosäuren im durch Nahrung aufgenommenen Eiweiß besser herausgelöst und aufgenommen werden können. Auch Parasiten wie Viren, Pilzen und Hefen kann Papain den Garaus machen. Zudem beschleunigt Papain die Fettverbrennung. Da das Enzym außerdem auch entzündungshemmend wirkt, schützt es zudem den Magen-Darm-Trakt vor Infekten.

Die Papaya trägt aufgrund des Papains auch zur Wiederherstellung einer gesunden Darmflora nach der Einnahme von Antibiotika bei. Die in der Papaya enthaltenen Ballaststoffe wirken zusätzlich positiv auf die Verdauung, sodass die Frucht insgesamt Blähungen, Magenverstimmungen und Verstopfung lindern kann.

In der Papaya sind auch viele wichtige Vitamine enthalten wie Vitamin A, C, E und Beta-Carotin. Während Vitamin C und E hervorragende Antioxidantien sind und die Zellen vor freien Radikalen und damit vor ungünstiger Veränderung schützen, unterstützen Vitamin A und seine Vorstufe Beta-Carotin den Sehvorgang und wirken positiv auf Haut und Schleimhäute. Auch die Vitamine B5 (Pantothensäure) und B9 (Folsäure) sind in den Früchten enthalten.

An Mineralstoffen stecken in der Papaya außerdem nennenswerte Mengen an **Magnesium** und **Kalium.**

Hervorzuheben ist die **antikanzerogene Wirkung** der Papaya. In Australien wird die Frucht sogar als Krebsheilpflanze beworben.

Den **Reifegrad** einer Papaya kann man beim Kauf an der Festigkeit des Fruchtfleisches erkennen. Je reifer die Frucht ist, desto leichter lässt sie sich mit dem Finger eindrücken und desto süßer und intensiver schmeckt sie auch.

Gelbliche Streifen oder Flecken deuten auf die Unreife der Früchte hin. **Unreife Papayas** werden wie Gemüse verwendet. Man findet sie in Chutneys, Currys, Salsas und Salaten. Ein traditionelles Gericht von Isan, dem Nordosten Thailands, und Laos ist der scharfe Salat *Som Tam* aus unreifen Papayas und in Fischsauce eingelegten Krebsen.

Die **Kerne** der Papaya haben einen pfeffrigen Geschmack, der an jenen der Kapuzinerkresse erinnert, und eignen sich hervorragend als Würzmittel. Man kann die getrockneten Papayasamen mittlerweile sogar im Reformhaus kaufen. Kostengünstiger lassen sie sich auch ganz einfach zu Hause trocknen. Dazu müssen die Kerne gründlich von allen Fruchtfleischresten befreit werden, um daraufhin auf einem Backblech ausgebreitet und bei ca. 50 Grad für bis zu drei Stunden im Backrohr getrocknet zu werden. Nicht nur vom Aussehen und ihrem Geschmack her erinnern die Samen an schwarzen Pfeffer – sie können auch genauso verwendet werden und am besten in einer Mühle gemahlen oder als ganze Körner Gerichten wie Suppen, Eintöpfen oder Schmorgerichten beigefügt werden.

Die **deutsche Bezeichnung** der Papaya leitet sich von *ababai* ab, was der Name des Papayabaumes bei den Arawak-Indianern ist und so viel wie „Baum der Gesundheit" bedeutet.

Das Papain der Papaya wird auch beim **Bierbrauen** genutzt, da es die Eintrübung des Getränkes verhindert.

# PASSIONS-FRUCHT

*Passiflora f. edulis, Passiflora f. flavicarpa, Granadilla*

Sowohl die Passionsfrucht als auch die Maracuja gehören zur Gattung der **Passionsblumen.** Obwohl es sich eigentlich um zwei verschiedene Pflanzen handelt, werden ihre Bezeichnungen häufig vertauscht und synonym verwendet.
Nicht alle Arten von Passionsblumen haben essbare Früchte.

Bei der Passionsblume handelt es sich um eine verholzende **Kletterpflanze.** Ihre Triebe werden bis zu zehn Meter lang.

Die **Maracuja** *(Passiflora f. flavicarpa)*, die auch gelbe Passionsfrucht oder süße Granadilla genannt wird, ist etwas größer als die rotschalige **Passionsfrucht** *(Passiflora f. edulis)*, die auch als Purpurgranadilla bezeichnet wird. Während letztere etwa hühnereigroß ist, erreicht die Maracuja eine Länge von bis zu zwölf Zentimeter.

Während man auf Bildern und in der Werbung meist die Passionsfrucht sieht, deren purpurrote Schale sich ästhetisch vom gelblichen Fruchtfleisch abhebt, wird in der Lebensmittelindustrie bevorzugt die Maracuja mit ihrer grünlich-gelben Schale verwendet. Im reifen Zustand ist die **Schale** der Passionsfrucht runzelig, während jene der Maracuja glatt bleibt.

Im Inneren der botanisch zu den **Beeren** gehörenden Früchte befinden sich zahlreiche Samen, die vom geleeartigen Samenmantel, der Pulpa, umgeben sind.

Die Passionsblume wird weltweit in **tropischen und subtropischen Gebieten** kultiviert. Die *Passiflora f. edulis* ist weniger kälteempfindlich und wird daher auch in höheren Lagen bis zu 2.300 m Seehöhe angebaut.

Bei uns sind Passionsfrüchte das ganze Jahr über erhältlich. Sie werden hauptsächlich aus Afrika, insbesondere aus Südafrika, Simbabwe und Kenia, **importiert.**

**H** Ursprünglich ist die Passionsfrucht in Brasilien, Paraguay und dem nördlichen Argentinien **beheimatet.**

Ihre deutsche **Bezeichnung** Passionsblume erhielt die Pflanze vermutlich im 17. Jahrhundert von missionierenden Jesuiten. Die Mönche betrachteten die auffälligen Blüten der Pflanze als Sinnbild für die Leidensgeschichte (Passion) Christi. Ihre zehn Blütenblätter symbolisieren die zehn Apostel, während die violette Nebenkrone für die Dornenkrone Jesu steht.

**G** ... *das kann ich*

- unterstütze den Muskel- und Nervenstoffwechsel (→ Magnesium)
- stärke Zähne und Knochen (→ Kalzium, Phosphor)
- sorge für schöne Haut und gesunde Schleimhäute (→ Vitamine)
- beuge Augenerkrankungen vor (→ Beta-Carotin, Lutein)
- beruhige die Nerven und sorge für guten Schlaf

Die Passionsfrucht enthält nennenswerte Mengen an **Magnesium, Kalzium, Phosphor** und Eisen. Während Magnesium für den Muskel- und Nervenstoffwechsel unerlässlich ist, sorgen Kalzium und Phosphor für gesunde Zähne und Knochen. Eisen wiederum ist für den Sauerstofftransport im Blut notwendig. Eisenmangel führt zu Müdigkeit und Energielosigkeit.

An **Vitaminen** enthält die Passionsfrucht die B-Vitamine Riboflavin (B2) und Niacin (B3). Riboflavin hat eine wichtige Rolle im Energie- und Proteinstoffwechsel, während Niacin für die Gesundheit der Haut und Schleimhäute wichtig ist.
Weitere Vitamine, die in der Passionsfrucht stecken, sind Beta-Carotin (Provitamin A) und Vitamin C. Auch Vitamin A sorgt für gesunde Haut und Schleimhäute. Zudem unterstützt es den Sehvorgang und beugt diversen Augenerkrankungen vor. Die Sehkraft stärkt auch das in der Passionsfrucht enthaltene **Lutein.** Dieser sekundäre Pflanzenstoff ist übrigens auch für die gelbe Farbe verantwortlich.

Eine Besonderheit der Passionsfrucht ist zudem ihr hoher Gehalt an **Omega-3-Fettsäuren.**

Ein weiteres Einsatzgebiet sind **Schlafstörungen** und nervöse Unruhe, denn die Passionsfrucht hat eine beruhigende Wirkung. Es gibt zahlreiche pflanzliche Präparate zur Schlafförderung zu kaufen, die Passionsblumenextrakt enthalten (z. B. Präparate von Dr. Böhm®).

Traditionell werden die Passionsfrucht und ihre Blätter auch als harntreibendes Mittel sowie bei Herz-Kreislauf-, Nieren-, und Lebererkrankungen eingesetzt. Die Frucht senkt zudem den **Blutdruck.**

Bei uns erhält man **im Handel** häufiger die rote Passionsfrucht als die gelbe Maracuja. Sie ist aromatischer und hat einen geringeren Säuregehalt. Zur Saftgewinnung eignet sich jedoch die säurehaltige Maracuja besser.

Zusätzlich zum Verzehr der Frucht und ihrer Nutzung zur Saftherstellung wird auch Öl aus der Passionsblume gewonnen. Die Samen der Frucht sind reich an ungesättigten Fettsäuren und enthalten Linolsäure, Ölsäure und Palmitinsäure. Genutzt wird das Öl jedoch nicht als Speiseöl, sondern in der Kosmetik. Hier wird **Passionsblumenöl** gerne Sonnencremes und Massageölen beigefügt.

**P** *wie ...*

# PASTINAKE

*Pastinaca sativa ssp. sativa, Pastinak, Pestnachen, Hammelkarotte, Moorwurzel, Hirschmöhre, Welsche Petersilie*

**Heimische Erntezeit:** August bis Dezember

Die Pastinake gehört zur Familie der **Doldenblütler.** Die Gemüsepastinake wurde aus der Wildform der Wiesenpastinake gezüchtet. Daneben gibt es noch die Zottige Pastinake, die der Wiesenpastinake stark ähnelt.

Die Wiesenpastinake ist **in Mitteleuropa heimisch** und wächst auf Wiesen und trockenen Hängen. Mittlerweile ist auch die Gemüsepastinake ausgewildert und somit an Straßenrändern und auf Wiesen wild wachsend zu finden.

Von der Pastinake wird in erster Linie die Wurzel verzehrt. Es handelt sich dabei um eine spindelförmige, fleischige, gelblich-weiße **Pfahlwurzel,** die äußerlich schwer von der Petersilienwurzel unterschieden werden kann. Vom Geschmack her ist sie süßlich-würzig. Ihr Fruchtfleisch ist umso weicher, je dicker die Wurzel ist.

Die **Hauptanbaugebiete** der Pastinake sind England, Frankreich, die Niederlande, Ungarn, Skandinavien und die USA. Bei uns wird sie vor allem aus England, den Niederlanden und Ungarn importiert.

Die **Urform** der Pastinake hat ihre Heimat in ganz Europa und dem nördlichen Asien. Die Wiesenpastinake gehört zu den ältesten Sammelpflanzen der eurasischen Bevölkerung.

Bereits in der **Antike** wurden Pastinaken kultiviert. Es handelte sich dabei um besonders dicke Wurzeln der Wiesenpastinake, die auch Gartenpastinake genannt wurde.

Karl der Große schrieb den Anbau von Pastinaken in seiner Landgüter-Verordnung „Capitulare de villis" (812 n. Chr.) vor.

Im **Mittelalter** verwendete man den Saft der Pastinake als vermeintliches Heilmittel gegen die Pest. Dies bescherte der Pflanze auch den Namen Pest-nacke. Bis ins 18. Jahrhundert zählte sie zu den wichtigsten Grundnahrungs-mitteln in unseren Breiten. Sie gehörte zu den am häufigsten kultivierten Gemüsearten, wohl auch wegen ihrer geringen Krankheitsanfälligkeit und der Möglichkeit, sie im Winter zur ernten.

Erst ab dem **18. Jahrhundert** wurde die Pastinake bei uns immer mehr von Möhren und Kartoffeln verdrängt. Anders sah es in England, Frankreich und den USA aus, wo die Wurzel über die Jahrhunderte hinweg ein durchgehend beliebtes Gemüse war.

**Heute** erfreut sich die Pastinake auch bei uns wieder größerer Beliebtheit, nicht zuletzt durch den Bio-Boom und die Besinnung auf alte Gemüse- und Obstarten.

**G**

... *das kann ich*

- unterstütze die Verdauung
- lindere Rheuma, Gicht und Arthritis
- wirke schlaffördernd
- reguliere den Säure-Basen-Haushalt
- liefere Vitamin B, C und Kalium

Pastinaken unterstützen unseren gesamten **Verdauungsapparat.** Ihre ätherischen Öle, die auch für den aromatischen Geruch und Geschmack verantwortlich sind, lindern Magen- und Darmbeschwerden, wirken appetitanregend, entkrampfend und verdauungsfördernd. Getrocknete Pastinaken werden wegen ihrer harntreibenden Wirkung in der Naturheilkunde gegen Blasen- und Nierenerkrankungen eingesetzt.

Durch ihre harntreibenden Eigenschaften wirken sie auch **rheumatischen Beschwerden** wie Rheuma, Gicht und Arthritis entgegen.

Pastinakentee wird aufgrund der ätherischen Öle als Hausmittel gegen **Schlaflosigkeit** und Fieber angewendet.

Da Pastinaken wesentlich mehr Stärke enthalten als andere Wurzelgemüse, machen sie lange satt. Außerdem enthalten sie viele Mineralstoffe. Dazu gehören Kalium, Kalzium, Magnesium und Eisen. Pastinaken eignen sich als sehr basisches Lebensmittel also gut dazu, den **Säure-Basen-Haushalt** auszugleichen.

Die Wurzeln enthalten viermal so viel **Kalium** wie Möhren. Dieser Mineralstoff spielt eine bedeutende Rolle bei der Verdauung, weil er für die Produktion von Magensäure benötigt wird. Außerdem ist Kalium an der Zuckeraufnahme in die Zellen beteiligt.

Auch an **Vitamin C** liefern Pastinaken viermal so viel wie Möhren. Dieses Antioxidans schützt uns vor Erkältungskrankheiten und Zellalterung. Auch verschiedenste **B-Vitamine,** darunter Folsäure, sind in Pastinaken enthalten.

Pastinakenblätter können phototoxische **Hautirritationen** hervorrufen. Bei empfindlichen Personen kann der Hautkontakt in Verbindung mit Sonneneinstrahlung zu roten Flecken, starkem Juckreiz und sogar Blasenbildung führen. Verantwortlich für diese Hautirritationen sind die in den Blättern enthaltenen Cumarin-Verbindungen sowie ätherische Öle. Von den Pastinakenwurzeln geht diesbezüglich keine Gefahr aus.

Beim **Kauf** erkennt man frische Pastinaken daran, dass sie sich nicht verbiegen lassen und eine straffe Haut aufweisen. Außerdem ist das Laub frischer Pastinaken saftig grün und nicht welk. Kugelige Pastinakenwurzeln weisen darauf hin, dass sie in einem zu harten, verdichteten Boden gewachsen sind.

Anders als die meisten Gemüsesorten, macht den Pastinaken **Frost** nichts aus. Im Gegenteil, die Wurzeln werden durch Frosteinwirkung sogar noch milder und süßer.

Am besten **gelagert** werden Pastinaken im Beet selbst. Damit die Erde nicht zu stark friert und die Wurzeln noch geerntet werden können, deckt man sie am besten mit Laub, Stroh oder Reisig ab. Man kann Pastinaken aber auch in einer Sandkiste im kühlen Keller mehrere Monate lang lagern. Wichtig ist eine hohe Feuchtigkeit, da die Rüben ansonsten zäh und trocken werden.
Sie können auch gut im Kühlschrank aufbewahrt werden. Dazu werden sie in ein feuchtes Tuch gewickelt, um sie vor dem Austrocknen zu schützen. Bei Temperaturen zwischen 0 und 1 Grad sind Pastinaken auch im Kühlschrank mehrere Monate lang haltbar. Temperaturen über 2 Grad mögen sie allerdings nicht. Da werden sie schnell schwammig und bitter.
Als Alternative kann man Pastinaken auch klein schneiden, blanchieren und tiefgefroren aufbewahren.

Pastinaken können ähnlich wie Möhren verwendet werden. Sie können **gegart oder roh** verzehrt werden. Vor allem zarte Wurzeln sollten nicht geschält werden, da dadurch viele gesunde Inhaltsstoffe, die sich dicht unter der Schale befinden, mitentsorgt werden.

**Verwendung:** Pastinaken sind vielfältig nutzbar. Ähnlich wie aus Kartoffeln können aus ihnen Chips hergestellt werden. Bei uns findet man Pastinaken häufig als Teil von Suppenmischungen.
Da sie einen hohen Stärkegehalt haben, wurde aus Pastinaken früher Bier und Wein hergestellt. Noch heute kocht man aus ihrem Saft einen dickflüssigen Sirup, der als Brotaufstrich oder aber auch als Süßungsmittel verwendet werden kann.
Die Blätter der Pastinake können wie die der Petersilie als Würzkraut verwendet werden.

In der englischen Küche sind **mashed parsnips** sehr beliebt. Das Pastinakenpüree wird wie Kartoffelpüree zubereitet, ist aber deutlich aromatischer.

Pastinaken lagern besonders wenig Nitrat ein. Deshalb eignen sie sich püriert auch hervorragend als **Babynahrung.**

**Küchentipp:** Pastinaken dürfen nicht zu scharf angebraten werden, weil sie sonst bitter schmecken.

Im Deutschen kann man sowohl „der Pastinak" als auch „die Pastinake" sagen. Der Plural ist in beiden Fällen „die Pastinaken".

# Pastinakensuppe

6 Portionen

| | |
|---|---|
| 2 EL | Olivenöl |
| 1 | Zwiebel, gehackt |
| 1 | Porree, geschnitten |
| 2 | Karotten, geschnitten |
| 800 g | Pastinaken, geschnitten |
| 2 EL | geriebener Ingwer |
| 2 | Knoblauchzehen, gehackt |
| 1/2 | Orange (Abrieb) |
| 1/2 l | Gemüsebrühe |
| 225 ml | Orangensaft |
| | Salz, Pfeffer |
| | Schnittlauch zum Garnieren |

Öl in einem Topf erhitzen, Zwiebel und Porree darin etwa 5 min. dünsten. Ab und zu umrühren. Karotten, Pastinaken, Ingwer, Knoblauch, Orangenschale und Brühe hinzugeben. Aufkochen lassen und bei reduzierter Hitze abgedeckt ca. 40 min. köcheln. Gelegentlich umrühren.
Anschließend die Suppe etwas abkühlen lassen, dann pürieren. Danach den Orangensaft einrühren. Ist die Suppe zu dickflüssig, etwas Brühe hinzugeben. Mit Salz und Pfeffer abschmecken und etwa 10 min. leicht köcheln lassen.
Mit Schnittlauch garnieren und servieren.

# PFLAUME

*Prunus domestica, Echte Zwetschge, Pflaume, Zwetschke, Plummen*

Die Begriffe **Pflaume** und **Zwetschge** können durchaus für Verwirrung sorgen. Während im süddeutschen Raum und in Österreich alle blauen Steinfrüchte als Zwetschge (eigentlich als Zwetschke mit „k") bezeichnet werden, wird im norddeutschen Raum der Begriff „Pflaume" für alle Früchte dieser Art verwendet.

Tatsache ist, dass die Pflaume *(Prunus)* der Gattungsbegriff ist und folgende Früchte beinhaltet: Die Unterart Pflaume sowie die Zwetschge, aber auch die Reneklode (Ringlotte) und Mirabelle zählen dazu.

Pflaumen dürften durch eine **Kreuzung** aus der Schlehe und der Kirschpflaume entstanden sein. Es gibt insgesamt über 2.000 verschiedene Pflaumensorten.

Die Merkmale der **Zwetschgen** als Unterart der Pflaumen sind, dass sie eine blaue bis schwarz-violette Schale haben und ihr Fruchtfleisch gelblich-grün ist. Außerdem haben sie einen weißlichen Überzug, den sogenannten Duftfilm. Dabei handelt es sich um eine Wachsschicht, die die Frucht vor dem Austrocknen schützt. Ihre Form ist im Vergleich zu Pflaumen, Renekloden und Mirabellen eher länglich und läuft am unteren Ende spitz zu. Die für Pflaumen typische vertikal verlaufende Furche ist bei Zwetschgen kaum bis gar nicht ausgeprägt. Geschmacklich sind sie etwas weniger saftig, dafür fester und etwas säuerlicher. Sie lassen sich besser als Pflaumen vom Kern lösen.

2016 wurden in Deutschland rund 80.000 Tonnen Pflaumen verzehrt. Das entspricht einem **Pro-Kopf-Verbrauch** von 1 Kilogramm. In Österreich wurden im selben Jahr 26.000 Tonnen gegessen. Damit kommt jeder Österreicher auf einen Verzehr von 3,25 Kilogramm.

**H**

Pflaumen gehören zu den **ältesten Kulturobstsorten.** Sie werden bereits seit Tausenden von Jahren kultiviert.

Zu Zeiten **Alexander des Großen** (356–323 v. Chr.) war Damaskus ein Handelszentrum von Pflaumen. Ihm dürfte es auch zu verdanken sein, dass Pflaumen nach Europa gebracht wurden. Die alten Griechen verwendeten Pflaumen auch als Heilmittel bei Verdauungsbeschwerden.

**G**

## ... *das kann ich*

- reguliere die Verdauung (→ Pektine)
- wirke entgiftend und harntreibend (→ Pektine, Oxalsäure, Apfelsäure)
- stärke die Nerven und die Leistungsfähigkeit (→ B-Vitamine, Zink, Kupfer)
- sorge für gesunde Augen (→ Carotinoide)

Ein weitverbreitetes Einsatzgebiet als Heilmittel sind Verdauungsbeschwerden. Dafür wurden Pflaumen bereits vom griechischen Arzt Dioskurides im 1. Jahrhundert v. Chr. empfohlen. Verantwortlich für ihre verdauungsfördernde Wirkung sind die enthaltenen **Pektine.** Dabei handelt es sich um präbiotische Ballaststoffe, die viel Wasser binden können. So fördern sie die Vermehrung der „guten" Darmbakterien. Durch ihr starkes Aufquellen stimulieren sie die Darmbewegung und regen die Verdauung an.

Besonders in getrockneter Form sind sie als Mittel gegen Verstopfung zu empfehlen. Die Dörrfrüchte dafür einfach über Nacht in Wasser einweichen und am nächsten Morgen inklusive Einweichwasser essen. Die Pektine wirken außerdem entgiftend. Mit dem Wasser, das sie aufnehmen, binden sie Giftstoffe, Fette und Cholesterin, die dann vom Körper ausgeschieden werden können. Durch ihre entgiftende, abführende und harntreibende Wirkung können sie auch bei Gicht, Rheuma, Nieren- und Lebererkrankungen Abhilfe schaffen. Für die abführende Wirkung sind neben den Pektinen auch **Oxalsäure** und **Apfelsäure** verantwortlich.

Durch die vielen enthaltenen **B-Vitamine** sowie **Zink** und **Kupfer** stärken Pflaumen auch die Nerven, wirken gegen nervöse Unruhe und Gereiztheit und fördern die Leistungsfähigkeit.

Weiters kann die Pflaume mit einer großen Menge sekundärer Pflanzenstoffe aufwarten. Diese wirken antioxidativ und können so vor Herz-Kreislauf-Erkrankungen, aber auch vor Entzündungen, Zellalterung und Krebs schützen. Die **Carotinoide** Beta-Carotin, die Vorstufe von Vitamin A, Lutein und Zeaxanthin können dabei insbesondere die Augengesundheit unterstützen.

**Beim Kauf** von Zwetschgen sollte darauf geachtet werden, dass die Früchte noch ihre weißliche Wachsschicht haben. Diese schützt die Früchte nämlich vor dem Austrocknen. Lagern lassen sich Pflaumen nicht allzu lange. Sie sind maximal eine Woche im Kühlschrank haltbar, am besten eingeschlagen in ein feuchtes Tuch. Halbiert und entkernt lassen sie sich aber gut einfrieren.

**Slibowitz** ist ein aus Zwetschgen erzeugter Schnaps, der vor allem in den Balkanländern von Bedeutung ist.

Das **Holz** des Zwetschgenbaumes wird besonders gerne für den Bau von Holzblasinstrumenten, aber auch für den Nachbau historischer Musikinstrumente genutzt.

Die abfällige Bemerkung **„Du Pflaume"** kommt daher, dass Pflaumen, die sich schwerer vom Kern lösen lassen, als weniger wertvoll als Zwetschgen angesehen wurden und „Pflaume" daher auf Minderwertigkeit hindeutet.

P *wie ...*

# PHYSALIS

*Physalis sp., Kapstachelbeere, Andenbeere, Lampionblume, Judenkirsche*

**Heimische Erntezeit:** September

Die Physalis gehört wie die Tomate zur Familie der **Nachtschattengewächse.** Anders als diese ist sie jedoch eine mehrjährige Pflanze. Sie wird zwischen einem halben und zwei Metern hoch.

Die **Blüten** der Physalis sind glockenförmige gelb-orange Kelche. In jeder Blüte ist eine kleine orangefarbene Beere enthalten.

Wichtige **Anbaugebiete** sind Afrika, Indien und die indonesische Insel Java. Aber auch in Europa, v.a. in Südfrankreich und Deutschland, in Australien, Neuseeland und den USA wird die Beere kultiviert.
Während die Pflanze zwar auch in unseren Breiten gedeiht, sind die Beeren, die wir im Handel kaufen können, meist Importe aus Afrika und Südamerika.

Wie die deutsche Bezeichnung Andenbeere bereits andeutet, liegt die **ursprüngliche Heimat** der Physalis in den Anden, also im Hochland von Peru und Chile.

Von dort wurde sie Anfang des 19. Jahrhunderts nach **Südafrika** gebracht. Den Namen Kapstachelbeere erhielt sie, weil sie in der Gegend um das Kap der Guten Hoffnung gut gedieh.

Von Südafrika aus verbreitete sich die Physalis auch in die **westliche Welt.** Bevor sie in der zweiten Hälfte des 20. Jahrhunderts erstmals auf die europäischen Märkte gebracht wurde, gelangte sie noch nach Australien, wo sie seither auch kultiviert wird.

G

## ... *das kann ich*

- wirke antioxidativ (→ Vitamin C und E)
- wirke krebshemmend
- fördere die Leistungsfähigkeit
- baue Stress ab und sorge für guten Schlaf (→ Linolsäure, Ölsäure)
- senke Blutzucker und Cholesterin (→ Linolsäure, Ölsäure, Pektin)

Die Physalis ist aufgrund ihrer Vitamine besonders wertvoll für unsere Gesundheit. Die Frucht weist einen besonders hohen **Vitamin-C**-Gehalt auf, welcher unser Immunsystem stärkt und als Antioxidans fungiert. Mit **Vitamin E** enthält die Beere ein weiteres antioxidativ wirksames Vitamin, das die Zellen vor vorzeitiger Alterung und Entartung schützt. Zusätzlich beugt es Arteriosklerose und Herz-Kreislauf-Erkrankungen vor.
Sie hat zahlreiche positive Wirkungen auf unseren Körper. So wirkt sie aufgrund der in ihr enthaltenen Antioxidantien nicht nur zellverjüngend und entzündungshemmend, sondern sie kann sogar das Wachstum von **Krebszellen** verhindern.

Weitere Wirkungen, die der Physalis zugeschrieben werden, sind die Erhöhung der **Leistungsfähigkeit** und die Förderung sowohl des Stressabbaus als auch der Schlafqualität. Verantwortlich sind dafür in erster Linie die enthaltenen essenziellen Fettsäuren **Linolsäure** und **Ölsäure.** Diese werden vor allem im Gehirn in ausreichenden Mengen benötigt, damit der Nervenstoffwechsel glatt ablaufen kann.

Diese beiden Fettsäuren können zudem vor Diabetes schützen. Die Physalis stabilisiert den Blutzuckerspiegel. Sie hemmt die enzymatische Reaktion im Körper, durch die der Blutzuckergehalt nach Konsum von zucker- oder kohlenhydrathaltigen Speisen ansteigt.

Der in der Physalis enthaltene Ballaststoff **Pektin** sorgt nicht nur für eine gut funktionierende Verdauung, sondern senkt auch das schlechte LDL-Cholesterin, weil es im Darm Giftstoffe und Cholesterin bindet und den Körper damit bei deren Ausscheidung unterstützt.

Auch an **Beta-Carotin,** der Vorstufe von Vitamin A, weist die Physalis einen hohen Anteil auf. Benötigt wird Beta-Carotin nicht nur für die Augengesundheit, sondern auch für das Zellwachstum im gesamten Organismus.

Zudem enthält die Physalis verhältnismäßig große Mengen an **Vitamin B3** (Niacin). Dieses Vitamin ist beteiligt an einer Vielzahl von Stoffwechselvorgängen. Und obwohl der menschliche Körper Niacin zum Teil auch selbst herstellen kann, bedarf es zusätzlich der Zufuhr über die Nahrung.

An Mineralstoffen sind große Mengen an **Kalzium** und **Phosphor** in den Beeren enthalten. Kalzium ist nicht nur für gesunde Knochen und Zähne notwendig, sondern spielt auch eine wichtige Rolle bei der Blutgerinnung und im Nervenstoffwechsel.

In unseren Breiten lässt sich die Physalis ähnlich einfach wie die Tomate im Blumentopf **am Balkon** oder im Garten anbauen. Wie die Tomate mag es auch die Physalis sonnig und warm.

Ein hervorragendes weiteres Einsatzgebiet der Physalis ist die **Konfitürenherstellung.** Aufgrund ihres hohen Pektingehaltes gelieren die Früchte nämlich auch ohne Zusatz sehr gut.

Ihren **Namen,** der sich vom griechischen Wort für Blase ableitet, verdankt die Physalis übrigens ihrer blasenartigen Form.

Auch die Bezeichnung **Judenkirsche** ist aufgrund des Aussehens der Pflanze entstanden. Denn der umgedrehte Blütenkelch ähnelt in Form und Farbe den in verschiedenen Kleiderordnungen für Juden vorgeschriebenen Hüten.

Q wie...

# QUITTE

*Cydonia oblonga*

**Heimische Erntezeit:** Oktober bis November

Die Quitte zählt zum **Kernobst.** Sie ist somit verwandt mit Äpfeln und Birnen und gehört zur Familie der Rosengewächse. Die Schale der Früchte ist mit einem bitteren filzigen Flaum umgeben.

Kultiviert werden Quitten vor allem in Asien, im Mittelmeerraum und in Osteuropa. Weltweit gibt es ca. **200 Sorten,** viele davon in der Region um den Iran und den Kaukasus. Grob unterscheidet man apfelförmige und birnenförmige Quitten.

2014 wurden weltweit etwa 650.000 Tonnen Quitten geerntet, wobei Usbekistan, China und die Türkei die **Hauptanbauländer** sind, gefolgt vom Iran und Marokko.

Quitten gehören zu den **ältesten kultivierten Obstarten.** Ihre Heimat liegt ursprünglich in Westasien. Belegt ist, dass die Früchte bereits vor 6.000 Jahren von den Babyloniern gezielt angebaut wurden.

Auch in der europäischen Antike kannte man die Frucht. In **Griechenland** galt sie als Symbol für Glück, Liebe und Fruchtbarkeit. Genutzt wurden Quitten auch als Heilpflanzen. Hippokrates (460–370 v. Chr.) setzte sie etwa gegen Fieber und Magen-Darm-Probleme ein.
Die alten Griechen waren auch die Erfinder der **Marmelade.** Sie kochten Quitten mit Honig ein und nannten das Produkt „Melimelon", was so viel wie Honigapfel bedeutet.
Die Portugiesen nennen die Quitte „marmelo".

Im **antiken Rom** war die Quitte wegen ihrer Schale unter dem Namen „Wollapfel" bekannt. Den Römern ist auch die Verbreitung der Frucht im restlichen Europa zu verdanken. In Mitteleuropa wird sie seit dem 9. Jahrhundert bevorzugt in Weinbauregionen kultiviert. Auch im „Capitulare de villis" (Landgüterverordnung, 812 n. Chr.) von Karl dem Großen wird der Anbau von Quitten empfohlen.

In unseren Breiten ist die Quitte **heute** nur noch selten zu finden, was wohl auch daran liegen mag, dass man die Früchte aus unseren Breiten nicht roh verzehren kann. Seit einigen Jahren erlebt die Quitte jedoch ein Revival und wird wieder vermehrt im Handel angeboten.

**G**

### ... das kann ich

- lindere Hustenreiz (→ Schleimstoffe)
- beschleunige die Wundheilung (→ Schleimstoffe)
- unterstütze die Verdauung (→ Pektin, Gerbsäuren, Quercetin)
- reguliere Cholesterin- und Blutzuckerspiegel (→ Pektin)
- lindere Gicht und Arteriosklerose (→ Gerbsäuren)
- wirke antioxidativ und krebshemmend (→ Quercetin)

Die reifen **Quittensamen** werden als Heildroge verwendet. Sie bestehen neben Öl zu etwa 20% aus Schleimstoffen.
Aus den Samen wird in der Volksheilkunde **Quittenschleim** hergestellt, der traditionell als Mittel gegen Husten und Bronchitis angewendet wird. Auch äußerlich aufgetragen wird Quittenschleim bei Hautabschürfungen, Verbrennungen, Sonnenbrand und wunden Brustwarzen (Stillen) eingesetzt, denn er wirkt entzündungshemmend und reizlindernd und beschleunigt so die Wundheilung. Hergestellt wird er folgendermaßen: Die Quittensamen werden im Verhältnis 1:8 mit Wasser

für 15 min. angesetzt. Das Einzige, das es zu beachten gilt, ist, dass die Samen nicht zerkleinert werden, weil ansonsten aus dem enthaltenen Amygdalin Blausäure entsteht.

Quitten können auch als Saft oder als ganze Frucht zu Heilzwecken eingesetzt werden. Die Früchte enthalten sehr viel Pektin. Dabei handelt es sich um einen präbiotischen Ballaststoff, der positiv auf unsere Verdauung wirkt, da er als Nahrung für „gute" Darmbakterien dient. Weil Pektine zudem Schleimstoffe sind, können sie viel Wasser und damit Giftstoffe binden. Durch die enthaltenen Pektine regen Quitten also nicht nur unsere Verdauung an, sondern können auch dazu beitragen, dass Fette, Cholesterin und Giftstoffe gebunden und vom Körper ausgeschieden werden. Weil Pektine außerdem die Zuckeraufnahme verlangsamen, tragen Quitten neben einem niedrigeren Cholesterin-, auch zu einem geringeren Blutzuckerspiegel bei.

Auch aufgrund der enthaltenen Gerbsäuren sind Quitten aus gesundheitlicher Sicht wertvoll. Diese haben nicht nur eine positive Wirkung auf die Verdauung, sondern sie besitzen auch entzündungshemmende Eigenschaften, die gegen Erkältungen genutzt werden können. Bereits Hildegard von Bingen setzte Quitten aufgrund dieser Inhaltsstoffe gegen Gicht und Arteriosklerose ein.

Darüber hinaus stecken in Quitten jede Menge Vitalstoffe. Die Früchte liefern moderate Mengen an Vitamin B1, B6, B12 (Folsäure), C, E sowie Kalium, Magnesium, Eisen, Zink, Kalzium, Mangan und Kupfer. Sie wirken daher basisch und können so den Säure-Basen-Haushalt regulieren. Außerdem unterstützen sie den Zellstoffwechsel und wirken antioxidativ.
Für die antioxidative Wirkung ist neben Vitamin C vor allem der enthaltene sekundäre Pflanzenstoff Quercetin verantwortlich. Dieser sorgt für die gelbe Farbe der Früchte und befindet sich hauptsächlich in der Schale. Im menschlichen Körper entfaltet der Stoff eine antiallergene, antibakterielle sowie entzündungs- und krebshemmende Wirkung. Besonders Magen- und Darmkrebs soll Quercetin vorbeugen, weil er das Wachstum des an der Entartung der Zellen beteiligten Bakteriums *Helicobacter pylori* hemmt.

In der Kosmetik wird Quittenschleim als fettfreie Salbengrundlage verwendet. Aber auch Quittenwachs hat positive Wirkung auf unsere Haut. Es wirkt beruhigend und glättend, stärkt die Hautbarriere und bewahrt die Haut vor Feuchtigkeitsverlust. Gewinnen lässt sich das

Wachs, indem man die Früchte schält, die Quittenschalen mit Olivenöl bedeckt und für zwei Wochen an einem dunklen Ort bei etwa 20 °C ruhen lässt. Damit sich die ätherischen Öle der Quitte gut lösen können, sollte das Öl täglich einmal geschüttelt werden. Das gewonnene Quittenöl kann als Pflegeöl verwendet werden.

Dass Quitten **reif** sind, erkennt man daran, dass sie ihren Pelz verlieren und vollständig ausfärben. Die Früchte reifen nach der Ernte noch nach. Bei heimischen Sorten muss der restliche Flaum vor der Verarbeitung abgerieben werden, da er sehr bitter schmeckt. Die flaumlose Schale ist bedenkenlos genießbar. Quitten aus unseren Breiten sind jedoch nicht zum rohen Verzehr geeignet, da sie sehr hart und aufgrund der Gerbstoffe bitter sind. Sorten aus anderen Regionen, etwa aus der Türkei, können ohne Weiteres auch roh verzehrt werden.

Quitten können bis zu zwei Monate gelagert werden. Am besten eignet sich ein kühler, trockener und luftiger Keller. Bei zu langer **Lagerung** wird das Fruchtfleisch braun. Im Gemüsefach des Kühlschrankes halten reife Quitten etwa zwei Wochen. Da Quitten sehr aromatisch riechen, sollten sie nicht neben anderem Obst oder Gemüse gelagert werden, da dieses den Geruch annimmt und dadurch den eigenen Geschmack verändern kann.

Möchte man Quitten zu Konfitüre oder Gelee verarbeiten, sollte man früh geerntete Früchte verwenden, weil diese noch einen höheren Pektingehalt haben, der für die **Gelierfähigkeit** verantwortlich ist. Erst durch langes Kochen kann das Pektin vollständig aus der Frucht gelöst werden. Dadurch benötigt man keinen Gelierzucker.

**Hausmittel:** Quittensirup ist ein tolles, nebenwirkungsfreies Mittel gegen Sodbrennen und saures Aufstoßen. Aus den getrockneten Kernen gekochter Quittentee wird traditionell außerdem als Mittel gegen Mundgeruch verwendet.

Die Römer bezeichneten sowohl den Apfel als auch die Quitte als *malum* oder *melum*, also als „runde Frucht". Deshalb ist anzunehmen, dass sich die

**symbolischen Bedeutungen** des Apfels, die sich in der Antike entwickelten, häufig eigentlich auf die Quitte beziehen.

Der Quittenbaum war in der Antike der **Göttin der Liebe** gewidmet. Möglicherweise war es die Süße der gekochten Frucht, die die Menschen trunken vor Liebe gemacht hat.
Da Quitten bereits seit der griechischen Antike Symbol für Liebe, Glück und Fruchtbarkeit waren, waren sie noch bis ins späte Mittelalter Teil verschiedener Hochzeitsbräuche, denn sie sollten reichen Kindersegen bringen.

## Quittensuppe

4 Portionen

| | |
|---:|:---|
| ½ kg | Quitten |
| 2 | Zwiebeln |
| 1 | Knoblauchzehe |
| 1 Stk. | Ingwer (daumengroß) |
| ½ | Chilischote (je nach Wunsch) |
| 1 Bd. | Jungzwiebeln (das Grün) |
| 50 g | Butter |
| 1 Prise | Salz |
| 2 EL | Zucker |
| 800 ml | Wasser |
| 1 | Brühwürfel |
| 100 ml | Obers |
| 1 Bd. | Petersilie |

Quitten mit einem Tuch gründlich abreiben, das Kerngehäuse entfernen und würfelig schneiden.
Zwiebeln, Knoblauch, Ingwer und Chili hacken. Das Grün der Frühlingszwiebeln in Ringe schneiden. Alles in Butter andünsten, mit Salz und Zucker würzen. Mit Wasser und Brühwürfel aufgießen und zugedeckt 1 h köcheln lassen. Anschließend passieren, das Obers einrühren und mit gehackter Petersilie bestreuen.

R wie...

# ROTE BETE

*Beta vulgaris subsp. vulgaris, Rote Rübe, Rauna, Rahner*

**Heimische Erntezeit:** Juli bis November

Die Rote Bete ist wie die Zuckerrübe und der Mangold eine **Kulturform** der Gemeinen Rübe. Sie ist eine zweijährige krautige Pflanze. Im zweiten Jahr bildet sich ein bis zu 1,5 m hoher Stängel mit grünen bis grün-rötlich gefärbten Blüten.

Die fleischige Rübe ist **rundlich bis birnenförmig** und kann bis zu 600 Gramm schwer werden. Neben der Roten Bete gibt es auch die Weiße Bete, deren Fruchtfleisch farblos ist. Auch hellgelbe Sorten gibt es, die sogenannten „Goldrüben".

Kultiviert wird die Rote Bete weltweit in gemäßigtem Klima. In unseren Breiten ist sie ein klassisches **Wintergemüse.**

**Ursprünglich beheimatet** ist die Rote Bete in Nordafrika. Sie stammt von der wilden Rübe bzw. vom Seemangold ab.

Nach Mitteleuropa gelangte die Rote Bete vermutlich über die **Römer.**

Zum ersten Mal schriftlich erwähnt wird sie im **Mittelalter.** Sie wurde wie so viele andere Pflanzen auch systematisch in Klostergärten angebaut. Die Pflanze, die damals genutzt wurde, ist mit der heutigen Roten Bete aber kaum zu vergleichen, weil erst ab dem 16. Jahrhundert damit begonnen wurde, fleischige Rüben zu züchten. Diese dienten zunächst auch hauptsächlich als Futtermittel und waren aufgrund ihrer guten Lagerbarkeit beliebt.

Nachdem der Chemiker Andreas Sigismund Marggraf 1747 nachgewiesen hatte, dass die Zuckerkristalle aus den Rüben identisch mit Rohrzucker sind und aus reiner Saccharose bestehen, wurden besonders zuckerhaltige Rüben gezüchtet und zu Beginn des 19. Jahrhunderts begann man mit der **Zuckerproduktion** aus Rüben.

Die **rote Färbung** der Roten Bete ist erst durch Züchtungen im Laufe des 19. und 20. Jahrhunderts entstanden, davor waren die Rüben gelblich.

**G**

## ... das kann ich

- stimuliere die Verdauung und Entgiftung (→ Betain)
- stärke das Immunsystem (→ Betanin)
- beuge Herz-Kreislauf-Erkrankungen vor (→ Nitrat)
- unterstütze die Blutbildung (→ Folsäure, Eisen)
- sorge für gute Stimmung (→ Betain)

Ein wichtiger Inhaltsstoff der Roten Bete, der unserer Gesundheit Gutes tut, ist **Betain.** Dabei handelt es sich um einen sekundären Pflanzenstoff, der im menschlichen Körper die Leber stimuliert und die Gallenblase kräftigt. Somit unterstützt die Rote Bete unsere Verdauung und unterstützt unseren Körper dabei, Stoffwechselprodukte und Gifte auszuscheiden.
Betain hat außerdem eine vorbeugende Wirkung gegen Herz- und Gefäßkrankheiten, da es den Homocystein-Spiegel senkt. Bei Homo-

cystein handelt es sich um eine giftige Aminosäure, die während des Proteinstoffwechsels im Organismus entsteht und zu Gefäßschäden und nach neuersten Untersuchungen auch zu Alzheimer und Parkinson führen kann.

Studien belegen die entzündungshemmende Wirkung eines weiteren sekundären Pflanzenstoffes der Roten Bete namens **Betanin.** Betanin ist für die rote Färbung der Rübe verantwortlich und stärkt unser Immunsystem, weshalb sich das Wintergemüse gut als vorbeugende Maßnahme gegen Erkältungen einsetzen lässt.

Auch vor Herz-Kreislauf-Erkrankungen wie hohem Blutdruck, Herzinfarkt und Schlaganfall kann Rote Bete schützen, vor allem durch das in ihr enthaltene **Nitrat.** Dieses wird im Körper bekanntlich zu Nitrit umgewandelt, das die Bildung von Stickstoffmonoxid im Blut anregt, wodurch sich die Blutgefäße weiten, sodass der Blutdruck sinkt. Zudem bietet sich Rote Bete für Ausdauersportler an, weil Nitrat die Energie und Ausdauer fördert.

Auch **Folsäure** ist in höheren Mengen in Roter Bete enthalten. Von der Wichtigkeit dieses B-Vitamins liest man immer wieder im Zusammenhang mit der Schwangerschaft, denn Folsäure wird zur Produktion von neuen Zellen benötigt.

Auch ohne schwanger zu sein, sollte jedoch auf einen ausreichenden Folsäure-Spiegel geachtet werden. Denn Folsäure wird auch zur Bildung neuer Blutzellen benötigt. Gemeinsam mit dem hohen **Eisen**gehalt der Roten Bete kann die Rübe daher als natürliche Unterstützung gegen Blutarmut konsumiert werden.

Rote Bete sorgt zudem für **gute Stimmung.** Der sekundäre Pflanzenstoff Betain ist auch unter dem Namen Trimethylglydin (TMG) gekannt. Dieses kann den Serotoninspiegel erhöhen. Serotonin gilt gemeinhin als das Glückshormon.

Nicht nur die Rübe selbst ist für unsere Gesundheit von unschätzbarem Wert, auch die **Blätter** der Roten Bete stecken voller Vitalstoffe, und zwar enthalten sie teilweise noch um ein Vielfaches mehr als die Rüben selbst. In den Blättern steckt etwa siebenmal mehr Kalzium als in der Rübe. Auch an Magnesium enthalten sie etwa die dreifache Menge. Der Gehalt der Blätter an Vitamin C übertrifft den des unterirdisch wachsenden Teiles gar um das Sechsfache. Zudem sind in den Blättern auch die Vitamine A und K enthalten.

Vorsicht ist geboten für Personen mit Nierenproblemen. Weil Rote Bete viel **Oxalsäure** enthält, kann übermäßiger Verzehr zu Nierensteinen führen.

Während man in unseren Breiten hauptsächlich die purpurrot gefärbte Rote Bete kennt, ist in Italien und der Südschweiz noch eine ältere Sorte mit weniger intensiver Färbung verbreitet. Die **Chioggia** zeigt aufgeschnitten rote und weiße Ringe, weshalb sie angerichtet sehr hübsch anzusehen ist.

Rote Bete ist nicht nur relativ anspruchslos in Bezug auf den Boden und das Klima, in dem sie wächst, sie ist auch sehr gut **lagerbar.** Bis zu mehreren Monaten lässt sie sich ohne Weiteres aufbewahren. Solange es nicht friert, lässt sich die Rote Bete hervorragend im Beet oder in einer Sandkiste lagern.

Wie bei vielen anderen Gemüsen geht auch bei der Roten Bete einiges an wertvollen Nährstoffen **beim Kochen** verloren. Beachten sollte man, dass man die Rübe mit Schale und Strunk kocht, denn zum einen ist in und knapp unter der Schale die Konzentration an Vitalstoffen ganz besonders hoch, zum anderen „blutet" die Rübe, wenn sie angeschnitten ist, im Kochwasser „aus".

Das Gute ist, dass die Rote Bete auch **roh verzehrt** werden kann, geraspelt oder in feine Scheiben geschnitten schmeckt sie ebenso wie als Saft. Dieser harmoniert besonders gut mit Karotten- und Apfelsaft und kann durch einen Spritzer Zitronensaft noch verfeinert werden.

Die Rote Bete ist in den letzten Jahren wieder als **Trendgemüse** zurückgekehrt. Heute gibt es nicht nur Beetroot-Smoothies, sondern auch Rote-Bete-Chips und auch in pinkem Hummus ist sie häufig zu finden.

Dass Rote Bete stark färbt, hat wohl schon jeder von uns auf die ein oder andere Weise erfahren. Denn Rote-Bete-Flecken sind aus Textilien nur sehr schwer herauszubekommen. Verantwortlich dafür ist der Farbstoff Betanin. Früher hat man Rote-Bete-Saft zum Färben von Stoffen eingesetzt.

Betanin wird heute in der Lebensmittelindustrie als **Färbemittel** verwendet und häufig als E162 angeführt.

**Haushaltstipp:** Beim Entfernen unerwünschter Rote-Bete-Flecken auf Textilien leistet Zitronensaft gute Dienste.

## Exotische Rote Bete-Suppe

4 Portionen

| | |
|---|---|
| 250 g | Karotten |
| 1 | Apfel |
| | etwas Zitronensaft |
| 1 | weiße Zwiebel |
| 1 | Knoblauchzehe |
| 1 Stk. | Ingwer (daumengroß) |
| 3 EL | Öl |
| 1 l | Gemüsebrühe |
| 500 g | Rote Bete, gekocht und geschält |
| 2 EL | Frischkäse |
| 1 TL | Currypulver |
| 1/2 TL | Zimt gemahlen |
| | Salz und Pfeffer |

Karotten schälen und in Scheiben schneiden, Apfel schälen, würfeln und mit Zitronensaft beträufeln. Zwiebel, Knoblauch und Ingwer fein würfeln und zusammen mit den Karotten und dem Apfel in etwas Öl anrösten. Mit Gemüsebrühe ablöschen und ca. 15–20 min. köcheln lassen.

Die Rote Bete grob zerkleinern (Handschuhe verwenden!) und in die Suppe geben.

Frischkäse, Currypulver und Zimt beimengen, kurz aufkochen und abschließend alles zu einer sämigen Suppe pürieren. Mit Salz und Pfeffer abschmecken und servieren.

S *wie ...*

# SAFRAN

*Crocus sativus*

**Heimische Erntezeit:** November

Safran ist eine violett blühende **Krokus-Art.** Bei den Safranfäden, die als Gewürz verwendet werden, handelt es sich um die Blütennarben dieser bestimmten Krokus-Blüte.

Kultiviert wird der Safran-Krokus hauptsächlich im Mittelmeerraum und im Nahen Osten. **Hauptanbaugebiete** sind der Iran, Afghanistan, Indien, Marokko und die Türkei. In Europa wird er in Südfrankreich, Spanien, Griechenland und Italien angebaut.

Jährlich werden weltweit ca. **200 Tonnen** Safran hergestellt. Hauptproduzent ist mit etwa 170 Tonnen und damit 90% der globalen Produktionsmenge bei Weitem der Iran.

Safran wird schon sehr lange als Gewürz, aber auch als Heilmittel verwendet. Bereits die **Phönizier** kannten ihn.

Auch im **antiken Griechenland** verwendete man Safran, was unter anderem die Erwähnung bei Homer beweist. Natürlich war Safran auch in der Antike ein Luxusgut. Dass das Gewürz auch damals bereits gefälscht wurde, verwundert daher nicht. Nicht nur auf das Fälschen, sondern auch auf das Verschneiden von Safran standen in der Antike hohe Strafen.

In **Mitteleuropa** wurde Safran im Mittelalter verbreitet. Nach Deutschland kam er bereits im 11. Jahrhundert. Nach England gelangte er im 14. Jahrhundert.

Im 18. Jahrhundert wurde Safran im niederösterreichischen Weinviertel kultiviert. Österreich war zu Beginn des 20. Jahrhunderts sogar Europas Hauptanbaugebiet. Safran höchster Qualität trug zu diesen Zeiten auch die Bezeichnung *Crocus austriacus.* Neuerdings gibt es auch wieder zwei Safrananbauprojekte in Österreich (im Burgenland und in der Wachau).

## ... das kann ich

- wirke entzündungshemmend und schmerzlindernd
- wirke antioxidativ (→ Carotinoide)
- fördere Appetit und Verdauung (→ Safranbitter)
- hebe die Stimmung

Safran wirkt aufgrund seiner sekundären Pflanzenstoffe **entzündungshemmend** und **schmerzlindernd.** In der Volksheilkunde wird er daher gegen diverse Entzündungen und Schmerzen eingesetzt, wie etwa Magenschmerzen, Gicht und Nierensteine.
Auch das **Immunsystem** soll durch Safran gestärkt werden. Ein neuer Trend sind Tees, denen einige Fäden Safran zugefügt werden.

Safran ist außerdem ein starkes Antioxidans. Dies ist unter anderem den in ihm enthaltenen **Carotinoiden** zuzuschreiben. Sie sind es auch, die dem Safran seine gelbe Farbe geben. Die Carotinoide sorgen vor allem für gesunde Augen und schützen die Haut. Die antioxidative Wirkung kommt aber natürlich allen Zellen zugute, da freie Radikale, die zu vorzeitiger Zellalterung und sogar Zellmutation führen können, neutralisiert werden. Trotzdem wird eine Mischung aus Safran und Curcumin vor allem bei computerbedingt müden Augen empfohlen.

Der Bitterstoff **Safranbitter,** der für das typische Safranaroma des getrockneten Gewürzes verantwortlich ist, hat ebenso positive Auswirkungen auf unsere Gesundheit. Der Bitterstoff fördert den Appetit und die Verdauung, indem er die Produktion sämtlicher Verdauungssekrete ankurbelt.

Traditionellerweise wird Safran als **Aphrodisiakum** und Potenzmittel eingesetzt. Wirkungsvoll soll Safran außerdem bei prämenstrualen Stimmungsschwankungen (PMS) sein.

Studien beweisen, dass Safran außerdem ein **Stimmungsmacher** ist. Safranal erhöht den Serotoninspiegel und kann deshalb depressive Verstimmungen mildern.

Das **Wort Safran** kommt aus dem Persischen und bedeutet übersetzt so viel wie „sei rot".

Safran ist noch vor Vanille das bei Weitem **teuerste Gewürz.** Pro Gramm kostet Safran zwischen 7 und 25 Euro. Das Gewürz trägt auch den Beinamen „rotes Gold". Weiß man, wie Safran geerntet wird, verwundert einen auch der hohe Preis nicht mehr. Bei den Safranfäden handelt es sich um die Blütennarben. Jede Blüte enthält drei solcher Blütennarben. Da sie unter Sonneneinstrahlung rasch ihr Aroma verlieren, müssen die Safranfäden am frühen Morgen, kurz nach Öffnen der Blüten geerntet werden – und das per Hand. Um ein Kilogramm Safranfäden herzustellen, braucht es 200.000 Krokusblüten. Zur Produktion dieser Menge sind insgesamt 400.000 Stunden Handarbeit erforderlich.

Bei **gemahlenem Safran** werden üblicherweise nicht nur die Blütennarben verwendet, sondern die ganzen getrockneten Blüten.

Da Safran ein so teures Gewürz ist, wird er nach wie vor **häufig gefälscht.** Besonders betroffen ist dabei das gemahlene Gewürz, das gerne mit Färberdistel oder Kurkuma gestreckt wird. Ob es sich um echten Safran handelt, kann durch einen kleinen Test jedoch rasch herausgefunden werden: Eine kleine Menge Safran in warmes Wasser gegeben, verfärbt die Flüssigkeit nicht sofort tiefgelb. Echter Safran zeigt erst nach einigen Minuten seine

Farbe. Auch der Geschmack kann über die Echtheit des Gewürzes Aufschluss geben: Während echter Safran zwar süß riecht, aber bitter schmeckt, hat gefälschter Safran meist auch geschmacklich ein süßes Aroma.

Safran ist nicht nur ein sehr teures Gewürz, er ist auch **schlecht lagerbar.** Er ist empfindlich gegen Sonnenlicht und verliert dadurch nicht nur sein Aroma, sondern auch seine Farbe. Auch vor Feuchtigkeit muss Safran geschützt werden.

Safran darf zudem **nicht lange gekocht** werden. Am besten lässt man die Gewürzfäden für eine Viertelstunde in warmem Wasser einweichen, bevor man sie am Ende des Kochvorganges dem Gericht beifügt.
Für eine besonders intensive Färbung bietet es sich an, die Safranfäden zu mörsern.

Bekannte **Gerichte,** die Safran enthalten, sind die französische Bouillabaisse, das italienische Risotto alla milanese, das schwedische Safrangebäck Lussekatter und die spanische Paella. Auch in der persischen Küche werden Reisgerichte häufig mit Safran gewürzt.

Weit mehr als aufgrund seines Geschmacks wurde Safran seit tausenden von Jahren wegen seiner starken **Färbekraft** geschätzt. Ein Gramm reicht aus, um 3.000 Liter Wasser intensiv gelb zu färben. Weil er seit jeher ein sehr teures Produkt war, wurde er vor allem zu besonderen Anlässen verwendet. Bei den alten Römern streute man Safranfäden etwa auf die Hochzeitsbetten. In vielen Kulturen färbte man den Hochzeitsschleier mit Safran.

Vom römischen Schriftsteller **Cicero** wissen wir, dass im antiken Rom auch Salben, Balsame und Duftöle mit Safran versetzt wurden und dass man die Fäden auch als Gewürz verwendete.

Auch zum **Imitieren von Goldschrift** oder zur Färbung von Silber und Zinn wurde Safran eingesetzt.

Auch im bekannten **Kinderreim „Backe, backe Kuchen"** wird Safran als Färbemittel erwähnt. Damit sich's auch schön reimt, unterschlägt des kurze Gedicht jedoch das „b" von gelb, sodass es heißt „... Milch und Mehl. / Safran macht den Kuchen gel."

Safran ist in größeren Mengen **giftig.** Ab einer Dosis von 5 Gramm verursacht er Schwindel, Erbrechen und Blutungen im Unterleib. Dies machte ihn in früheren Zeiten zu einem Mittel für Abtreibungen. Eine Menge ab 20 Gramm ist sogar tödlich.

Zum Safran als **Heil- und Kosmetik-Mittel** gibt es zahlreiche geschichtliche Überlieferungen. So soll Alexander der Große Safran zur Wundversorgung verwendet haben. Und Kleopatra nutzte Safran angeblich zum Schminken.

## Safran-Gugelhupf

|        |                                |
|-------:|--------------------------------|
|   5 g  | Safranfäden                    |
|   4 cl | Rum                            |
| 250 g  | Butter                         |
| 250 g  | Puderzucker                    |
| 1 Pkg. | Vanillezucker                  |
|     6  | Eier                           |
| 500 g  | Mehl                           |
| 1 Pkg. | Backpulver                     |
|   4 EL | Milch                          |
|     1  | Zitrone (Abrieb)               |
|        | Butter und Paniermehl für die Form |

Backofen auf 180 °C Ober- und Unterhitze vorheizen. Safran in den Rum geben und leicht erwärmen.
Backform gut ausfetten und mit Paniermehl ausstreuen.
Butter schaumig schlagen, Zucker und Vanillezucker hinzugeben und cremig rühren. Eier nach und nach untermengen, abschließend Rum-Safran einrühren. Mehl und Backpulver mischen und einen Teil auf die Buttermasse sieben, vermengen, Milch zugeben und das restliche Mehl-Backpulver-Gemisch beimengen. Alles zu einem glatten Teig verarbeiten. Eventuell noch Milch zugeben, bis ein geschmeidiger Teig entsteht. Zum Schluss Zitronenabrieb untermischen.
Teig in die Form füllen, glatt streichen und im vorgeheizten Ofen ca. 50 min. backen.

**S** *wie ...*

# SCHWARZ-WURZEL

*Scorconera hispanica, Winterspargel, Skorzoner Wurzel, Schötzenmiere*

 Den Namen haben Schwarzwurzeln aufgrund ihres **Aussehens** erhalten. Sie haben bis zu 40 cm lange Pfahlwurzeln, die aus milchig-weißem Fleisch bestehen, das von einer schwarzen Rinde umgeben ist. Nicht nur die Wurzeln, sondern auch die Triebe und Knospen können jedoch verzehrt werden.

Verbreitet sind Schwarzwurzeln in Europa und Asien. Die bedeutendsten **Anbauländer** in Europa sind Belgien, Frankreich und die Niederlande.

 **Ursprünglich heimisch** sind wilde Schwarzwurzeln vermutlich in Spanien. Man verwendete sie schon im Altertum als Heilmittel.

Im **Mittelalter** dienten die wilden Schwarzwurzeln als vermeintliches Heilmittel gegen Schlangenbisse und die Pest.

Als **Gemüse** werden Schwarzwurzeln erst seit etwa 1700 kultiviert. Dies war auch der Zeitpunkt, ab dem sie sich in ganz Europa verbreiteten. Sie verdrängten im Laufe der Zeit die heute fast unbekannten, damals ähnlich genutzten Haferwurzeln.

In der Zwischenzeit mussten die Schwarzwurzeln ihren Platz als beliebtes Wurzelgemüse unter anderem dem Spargel abtreten. Als „Spargel des kleinen Mannes" oder „Winterspargel" ähneln sie dem echten Spargel geschmacklich auch ein wenig.

**G**

... *das kann ich*

- schütze Knochen und Zähne (→ Kalzium)
- stärke die Nerven (→ Kalzium, Vitamin B1)
- entgifte den Körper
- unterstütze die Verdauung (→ Inulin, Bitterstoffe)

Schwarzwurzeln sind ein äußerst wertvolles Gemüse. Sie liefern einen ganzen Cocktail an unterschiedlichen Mineralstoffen und Vitaminen: An Eisen und Kalzium enthalten Schwarzwurzeln dreimal so hohe Mengen wie der vermeintlich feinere Spargel. Während Eisen bedeutend für den Sauerstofftransport im Blut ist, ist **Kalzium** für die Stabilität von Knochen und Zähnen der Mineralstoff schlechthin. Schwarzwurzeln können demnach nicht nur die Zellatmung unterstützen, sondern auch vor altersbedingter Osteoporose schützen. Auch für den Nervenstoffwechsel ist Kalzium bedeutend. Unsere Nerven werden zudem durch das in Schwarzwurzeln enthaltene **Vitamin B1** (Thiamin) unterstützt. Dementsprechend gelten Schwarzwurzeln als **Anti-Stress-Gemüse,** das beruhigend und schlaffördernd wirkt.

An weiteren Vitalstoffen enthalten die schwarzen Wurzeln noch Kalium, Magnesium, Phosphor sowie die antioxidativ wirkenden Vitamine C und E.

Da das Wurzelgemüse auch schweiß- und harntreibend wirkt, **entgiftet** es durch die Anregung der Nieren und der Leber unseren Körper. Schwarzwurzeln eignen sich außerdem gut als Schonkost.

Die in Schwarzwurzeln enthaltenen sekundären Pflanzenstoffe Asparagin und Allantoin wirken zudem **wundheilend** und **desinfizierend** und werden auch gerne Salben beigemengt.

Auch der hohe Ballaststoffanteil kann unserem Körper Gutes tun. Schwarzwurzeln enthalten vor allem viel **Inulin,** ein Kohlenhydrat, das auch Diabetiker gut vertragen. Der Ballaststoff fördert außerdem die Verdauung. Auch die **Bitterstoffe,** die in den Wurzeln enthalten sind, unterstützen die Verdauung, indem sie sämtliche Drüsen dazu anregen, Verdauungssekrete zu produzieren.

Beim **Kauf** von Schwarzwurzeln sollte darauf geachtet werden, dass die Stangen möglichst gerade, fest und ohne Verzweigungen sind. Weiters dürfen sie keine Verletzungen aufweisen und sollten weißes, nicht faseriges Fruchtfleisch haben. Es empfiehlt sich auch, zu nicht ganz so dicken Wurzeln zu greifen, da diese häufig hohl sind und beim Kochen dann trocken werden.

Am besten **lagert** man Schwarzwurzeln ungewaschen und ungeschält in einer Sandkiste im Keller. Hier sind sie bis zu drei Wochen haltbar. Alternativ können sie auch einige Tage in der Gemüselade des Kühlschranks aufbewahrt werden.

**Tipp:** Werden rohe Schwarzwurzeln geschnitten, tritt der weißliche Saft sehr rasch aus der Schnittstelle. Da er an der Luft oxidiert und braun wird, empfiehlt es sich, geschälte Schwarzwurzeln umgehend nach dem Zerkleinern in eine Schüssel mit kaltem Wasser und etwas eingerührtem Mehl zu legen. Um eine Verfärbung der weißen Wurzeln auch beim Kochen zu vermeiden, gibt man dem Kochwasser am besten ebenso etwas Mehl zu. Alternativ kann man dem Wasser auch etwas Zitronensaft oder Essig beimengen.

**Vorsicht:** Der Saft der Schwarzwurzeln hinterlässt sowohl auf Textilien als auch auf der Haut **hartnäckige Flecken.** Beim Verarbeiten sollte man daher Handschuhe tragen.

Früher wurden Schwarzwurzeln als **Ersatz für Kaffee** verwendet.

Zum **Schälen** der Schwarzwurzeln kann man sie entweder vorerst in Salzwasser garen – danach kann die Rinde einfach abgezogen werden. Oder man schält sie wie Spargel mit einem Sparschäler.

**T** *wie ...*

# TOPINAMBUR

*Helianthus tuberosus, Erdsonnenblume, Knollensonnenblume, Jerusalemartischocke, Erd(arti)schocke, Zuckerkartoffel, Indianerknolle*

**Heimische Erntezeit:** Oktober bis November

Topinambur zählt zur Gattung der Sonnenblumen *(Helianthus)*, wird aber als **Wurzelgemüse** genutzt. Die Pflanze bildet zahlreiche Wurzelknollen aus, die eine braun-violette Schale haben und cremefarbenes Fruchtfleisch. In diese Knollen lagert Topinambur das stärkehaltige Kohlenhydrat Inulin ein als Reserve für die kalte Jahreszeit, denn Topinambur überwintert und treibt im Frühjahr wieder neu aus.

Topinambur ist in **Amerika heimisch,** mittlerweile jedoch auch in unseren Breiten verwildert zu finden. Da die Pflanze kaum Fressfeinde hat, breitet sie sich stark aus und verdrängt so häufig heimische Pflanzen.

Die Pflanze wird auf der ganzen Welt kultiviert, wobei Nordamerika, Russland, Australien und weite Teile Asiens die **Hauptanbaugebiete** sind.

Eigentlich stammt Topinambur aus Nord- und Mittelamerika. Es wird vermutet, dass die ursprüngliche **Heimat Mexiko** ist. Die Pflanze wurde schon in vorkolumbianischer Zeit von der indigenen Bevölkerung Nord- und Mittelamerikas kultiviert und auch bis nach Kanada verbreitet.

Von Kanada wurde Topinambur Anfang des **17. Jahrhunderts** von französischen Seefahrern nach Europa gebracht. Rasch wurde die Knolle bei uns zu einem wichtigen Futter- und Grundnahrungsmittel.

Mitte des **18. Jahrhunderts** wurde Topinambur dann aber von der Kartoffel verdrängt. Grund dafür war, dass letztere einfach ergiebiger ist und sich auch besser lagern lässt.

Aufgrund der einfachen Kultivierung wird die Pflanze **heute** teilweise noch als Viehfutter oder Gründüngung angebaut. Besonders als Zusatzfutter für Pferde und Kleintiere werden Produkte aus Topinambur hergestellt. In unserer Ernährung spielt er nur noch eine sehr untergeordnete Rolle, jedoch zu Unrecht, da Topinambur viele gesundheitsförderliche Eigenschaften hat.

## ... das kann ich

- unterstütze den Darm (→ Inulin)
- bin für Diabetiker geeignet (→ Inulin)
- senke den Cholesterinspiegel (→ Inulin)
- unterstütze beim Abnehmen
- sorge für die Nerven- und Gehirnfunktion (→ Vitamin B1)
- stärke Knochen, Zähne und Muskeln (→ Kalzium, Kalium, Vitamin B1)

Ein Inhaltsstoff, der Topinambur für unsere Gesundheit so wertvoll macht, ist der Mehrfachzucker **Inulin.** Dieser wasserlösliche und unverdauliche Ballaststoff dient als wichtiges Präbiotikum, also als Nahrung für unsere guten Darmbakterien. Vor allem die Vermehrung der Bifidobakterien kann durch das Inulin gefördert werden. Diese kleinen Helfer schützen unseren Darm unter anderem vor schädlichen Bakterien und stärken damit unser Immunsystem, schützen uns aber auch vor Darmkrebs. Des Weiteren hat Topinambur eine positive Wirkung auf den Verdauungstrakt, da die Knolle einen niedrigen Säuregehalt hat. Dadurch kann sie, roh gegessen, auch gegen Magenschmerzen und Sodbrennen eingesetzt werden.

Der Mehrfachzucker Inulin ist zudem ein Kohlenhydrat, das auch „Zuckerkranke" gut vertragen. Nicht umsonst wird der Topinambur deshalb auch als **„Diabetiker-Kartoffel"** bezeichnet. Inulin soll sogar vor Diabetes schützen.

Weil Inulin zudem Giftstoffe binden kann, die dann aus dem Körper ausgeschieden werden, eignet sich Topinambur auch zur Entgiftung und senkt außerdem die Blutfettwerte, weil Inulin auch Cholesterin bindet.

Die kalorienarme Knolle ist ein **Schlankmacher.** Auch dafür sind in erster Linie die Ballaststoffe verantwortlich. Sie quellen bei ausreichender Flüssigkeitszufuhr auf und wirken dadurch sättigend. Weiters wird Topinambur nur langsam verdaut, wodurch der Blutzuckerspiegel weniger schwankt und sich auch weniger leicht Heißhungerattacken einstellen.

Topinambur enthält auch zahlreiche sekundäre Pflanzenstoffe, die entzündungshemmend, antioxidativ und **krebshemmend** wirken. Für die krebshemmende Wirkung sind vor allem Betain und Cholin verantwortlich. Viele Wirkstoffe sind nicht nur in den Wurzeln (Knollen) der Pflanze enthalten, sondern befinden sich auch in den Blättern, die in der Naturheilkunde ebenfalls Verwendung finden.

Die Knollen enthalten viele verschiedene Vitalstoffe, darunter Vitamin A, **Vitamin B1,** B2 und B3. B1 ist insbesondere für das Funktionieren des Nervensystems und der Muskeln notwendig. Es wird außerdem für die Bildung von Neurotransmittern benötigt und ist daher wichtig für unsere Gehirnfunktion.

An Eisen, **Kalium** und **Kalzium** hat Topinambur einen deutlich höheren Gehalt als Kartoffeln. Zusätzlich begünstigt das Inulin die Kalziumaufnahme aus anderen Lebensmitteln und verbessert dessen Verwertbarkeit. Der Verzehr des Gemüses stärkt damit also die Knochen und Zähne und kann vor Osteoporose schützen. Auch die kaliumreiche Banane schlägt Topinambur durch seinen Mineralstoffgehalt. Kalium unterstützt die Herz- und Muskelgesundheit.

Das Wurzelgemüse ist – solange es nicht geerntet ist – frosthart und kann daher im Beet **gelagert** werden. Damit man es auch bei Frost ernten kann, bietet es sich an, die Pflanze mit Stroh oder Vlies zu bedecken, damit die Erde nicht gefriert. Alternativ lässt sich Topinambur auch in einer Sandkiste im Keller hervorragend aufbewahren, jedoch nur, wenn er noch seine dünnen Wurzeln besitzt. Außerhalb der Erde lässt er sich nur etwa zwei Wochen lagern, denn er verliert rasch an Flüssigkeit und wird dadurch schrumpelig. Man lagert ihn am besten ungewaschen und in ein feuchtes Tuch gewickelt im Kühlschrank.

Anders als Kartoffeln kann man die Topinamburen auch ohne Weiteres roh essen. Je nachdem, ob man sie **roh** oder **gegart** genießt, ist der Geschmack unterschiedlich. Ihr nussiges und süßliches Aroma entfalten sie erst durch Garung, im rohen Zustand ähnelt ihr Geschmack dem von Artischocken. Prinzipiell kann man die Schale des Topinamburs essen, sie ist aber schwer verdaulich und kann daher vor allem bei empfindlichen Personen eventuell zu Beschwerden führen.

**Küchentipp:** Wie Kartoffeln werden rohe Topinambur-Knollen geschält rasch braun. Legt man sie in Zitronenwasser, kann man die durch Oxidation bedingte Verfärbung verhindern.

Topinambur enthält viel Inulin, das als kalorienarmer Zuckeraustauschstoff verwendet werden kann. Er hat eine Süßkraft von 30–50% gegenüber Zucker und wird auch von Diabetikern vertragen. Besonders hoch ist der Inulin-Gehalt bei frisch geernteten Knollen, durch die Lagerung nimmt er ab. Aus dem Saft von Topinamburen kann man daher auch Sirup herstellen, der als alternatives **Süßungsmittel** im Handel erhältlich ist.

Auf das Inulin ist es auch zurückzuführen, dass bereits im 19. Jahrhundert aus den Knollen Topinambur-**Branntwein** hergestellt wurde. Genannt wird dieser auch Rossler und gilt als Verdauungsschnaps.

Die Knollen können auch zu **Mehl** verarbeitet werden.

Auch als **Brennstoff** lässt sich Topinambur verwenden. In getrockneter Form kann er wie Pellets in normalen Hackschnitzel- oder Pelletsheizungen als Brennmaterial dienen. Ebenso lässt sich aus der Pflanze Biogas und Bioethanol herstellen. Topinambur hat somit Potenzial als nachwachsender Rohstoff.

**Im Deutschen** kann man sowohl „der Topinambur" als auch „die Topinambur" sagen. Die Mehrzahl lautet in beiden Fällen „die Topinamburen".

Die **botanische Bezeichnung** *Helianthus tuberosus* leitet sich vom Griechischen *helios* für Sonne, *anthos* für Blume und *tuber* für Knolle ab.

Der **Name** Topinambur wurde vom brasilianischen Indianerstamm der Tupinambá abgeleitet. Diese hatten mit der Pflanze jedoch eigentlich gar nichts zu tun. Mitglieder des Stammes waren lediglich gerade in Frankreich zu Gast, als die Knolle neu eingeführt wurde.

## Topinambur-Suppe

4 Portionen

| | |
|---|---|
| 500 g | Topinamburen |
| 250 g | Kartoffeln |
| 2 EL | Butter + ein Schuss Öl |
| 1 l | Gemüsebrühe |
| 2 EL | Honig |
| 1 EL | Rohrzucker |
| 1 TL | Currypulver |
| | Salz, Cayennepfeffer |
| | Koriander (nach Wunsch) |
| | Zitronensaft |
| 1 EL | Schmand |

Topinamburen und Kartoffeln schälen und würfeln, in Butter und Öl kurz anschwitzen, mit Gemüsebrühe ablöschen und weich kochen lassen (ca. 15 min.).
Suppe pürieren und mit Honig, Rohrzucker, Curry, Salz, Pfeffer, Koriander und Zitronensaft abschmecken. Zuletzt den Schmand unterziehen.

# VANILLE

*Vanilla planifolia, Echte Vanille, Gewürzvanille*

Vanille ist ein Gewürz, das aus den Früchten verschiedener **Orchideen-Arten** der Gattung *Vanilla* gewonnen wird. Zur Gattung gehören etwas mehr als hundert Arten, jedoch nur 15 davon liefern Vanille. Die „Vanilleschoten" können bis zu 30 cm lang werden.

**Vanille ist nicht gleich Vanille.** Je nachdem, von welcher Orchideen-Art sie stammt, schmeckt sie unterschiedlich. In Europa wird gemeinhin die Bourbon-Vanille bevorzugt, die vor allem in Madagaskar, La Réunion, Mauritius und auf den Komoren angebaut wird. In Nordamerika wird der Mexikanischen Vanille der Vorzug gegeben.
Daneben sind noch zwei weitere Sorten von wirtschaftlicher Bedeutung: die Tahiti-Vanille und die Guadeloupe-Vanille. Beide werden neben der Nutzung als Gewürz auch in der Kosmetikindustrie, vor allem bei der Parfumherstellung, verwendet.

Etwa Dreiviertel des globalen **Vanille-Exports** stammt aus Madagaskar. Die restlichen 25% kommen aus weiteren Ländern, darunter Mexiko und Guatemala sowie verschiedene Inseln im Indischen Ozean, Tahiti und Java.

Die Gewürzvanille ist ursprünglich in **Mexiko** und **Guatemala heimisch.** In Mexiko verwendete man sie schon lange vor der Eroberung durch die Spanier. Genannt wurde die Pflanze *cacixanatl*, was auf Aztekisch „tiefgründige Blume" bedeutet. Der Überlieferung nach musste das um 1460 unterworfene Volk der Totonaken den Azteken einen Teil ihres Tributs in Vanille bezahlen, da sie lange Zeit das einzige Volk gewesen sein sollen, die wussten, wie man das Gewürz kultiviert und herstellt.

Die spanischen Eroberer brachten die Vanille, die sowohl bei den Maya als auch den Azteken als Gewürz und Heilpflanze verwendet wurde, nach Europa. Sie erkannten den hohen Wert der Vanille und verhängten die Todesstrafe auf die illegale Ausfuhr der Pflanze, sodass Spanien lange Zeit ein **Vanille-Monopol** hatte. Dementsprechend teuer war das Gewürz.

Nach Mexikos Unabhängigkeit gelangten Stecklinge der Gewürzvanille Anfang des **19. Jahrhunderts** auch nach Frankreich und in die Niederlande. Von dort wurden sie in die französische Kolonie La Réunion und die holländische Kolonie Java gebracht.

In Europa war die Vanille bis ins 19. Jahrhundert in verschiedenen Formen **in Apotheken** erhältlich.
In Deutschland wurde 1847 die synthetische Herstellung der Vanille entdeckt.

## ... *das kann ich*

- wirke krebshemmend
- sorge für gesunde Haut
- schütze die Hirnzellen
- beruhige die Nerven
- lindere Schwangerschaftsübelkeit

Die Vanille enthält viele antioxidative Substanzen, die unser Körper als Zellschutz und als Schutz vor freien Radikalen nutzt. Gewisse **krebshemmende** Inhaltsstoffe der Vanille stehen unter Verdacht, Krebszellen sogar töten zu können, indem sie den bei wuchernden Tumorzellen an sich unterbundenen programmierten Zelltod wieder aktivieren.

Ein weiteres Einsatzgebiet der Vanille als Heilmittel ist die Haut. Da ihre Inhaltsstoffe nicht nur krebshemmend, sondern auch entzündungshemmend, antimikrobiell und pilztötend wirken, kann Vanille bei verschiedenen **Hauterkrankungen,** wie etwa bei Ekzemen, Neurodermitis oder Pilzbefall, Abhilfe schaffen.

Auf Antioxidantien in der Vanille wird auch die potenzielle Wirkung bei der Alzheimer-Erkrankung zurückgeführt. Denn in ihr enthaltene sekundäre Pflanzenstoffe können oxidativen Prozessen im Gehirn und dadurch dem Abbau von **Hirnzellen** entgegenwirken.

Seit Jahrhunderten wird Vanille auch zur **Nervenberuhigung** eingesetzt. Im 17. Jahrhundert verwendete man das Gewürz außerdem ganz bewusst als Schlafmittel. In der Aromatherapie nutzt man die ätherischen Öle der Vanille gegen Angstzustände, Depressionen und nach wie vor gegen Schlafstörungen. Aber das kostbare Gewürz wirkt nicht nur beruhigend auf die Nerven, sondern fördert auch die Konzentrationsfähigkeit.

Vanille gilt außerdem als Hausmittel gegen Übelkeit in der **Schwangerschaft.**

Vanilleschoten, die ja botanisch gesehen keine Schoten, sondern Kapselfrüchte sind, werden noch vor der vollen Reife geerntet. Zu dieser Zeit sind sie gelbgrün und noch nicht als Gewürz zu verwenden. Sie müssen davor einem **Fermentationsprozess** unterzogen werden. Die sogenannte Schwarzbräunung ist sehr zeit- und arbeitsintensiv. Erst dabei entsteht der Hauptaromastoff der Vanille, das Vanillin. Zudem schrumpfen die Schoten und verfärben sich schwarz.

Die Vanille ist dementsprechend weder weiß noch gelb noch cremefarben. Die Assoziation der Vanille mit diesen **Farben** stammt vielmehr erstens von den hellgelben Vanilleblüten und zweitens daher, dass Vanille häufig in Produkten mit Eiern und Milch enthalten ist.

Dass Vanille ein so teures Gewürz ist, das zweitteuerste nach Safran, liegt neben dem aufwändigen Fermentationsprozess auch daran, dass die Blüten **künstlich bestäubt** werden müssen. In der ursprünglichen Heimat der Vanillepflanze Mexiko übernahm die natürliche Bestäubung unter anderem der Kolibri, der jedoch auf anderen Plätzen der Welt, an denen die Vanille angebaut wird, etwa auf Madagaskar, nicht vorkommt.

Weiters unterliegt der **Weltmarktpreis** des Gewürzes starken Schwankungen. Während ein Kilogramm Vanille aus Madagaskar im Jahr 2000 bei 120 Euro lag, fiel der Preis 2005 auf 35 Euro, um 2016 bei sage und schreibe 400 Euro zu landen.

Nur einwandfreie Schoten kommen als **ganze Schoten** in den Handel. Die anderen werden zu Vanillezucker oder Flüssigextrakt verarbeitet.

**Vanillezucker** lässt sich sehr leicht selbst herstellen. Dafür muss man nur Zucker gemeinsam mit einer Vanillestange für einige Wochen luftdicht verschließen und den Zucker regelmäßig durchschütteln, damit sich das Aroma gleichmäßig verteilt.

Der **Hauptaromaträger** der Vanille ist die Schote. Die Aromastoffe entlockt man ihr durch Aufkochen in Flüssigkeit. Intakte Vanilleschoten kann man mehrmals benutzen, man muss sie dafür aber dazwischen abwaschen und wieder trocknen. Für besonders intensiven Geschmack kratzt man das Mark der Vanilleschoten aus. Dieses besteht aus den Samen, die von einer öligen Flüssigkeit umgeben sind.

Beim **Kauf** sollte darauf geachtet werden, dass die Vanillestangen elastisch sind und nicht hart und vertrocknet.

In der Lebensmittelindustrie ist der **Coca-Cola-Konzern** der größte Abnehmer von Vanille. Man versuchte zwar, 1985 die echte Vanille im Cola-Getränk durch synthetische zu ersetzen, das kam bei den Verbrauchern aber so schlecht an, dass man wenig später wieder echte Vanille verwendete.

Man darf sich nicht vom Namen täuschen lassen: Der Vanillerostbraten, ein Rindfleisch-Gericht der Wiener Küche, enthält keine Vanille, dafür aber umso mehr Knoblauch. Ein Großteil der Bevölkerung konnte sich Vanille über Jahrhunderte nicht leisten. Knoblauch war hingegen ein leicht erhältliches und günstiges Würzmittel, das man auch als **„Vanille des armen Mannes"** bezeichnete.

Vanille wird zudem eine **aphrodisierende Wirkung** nachgesagt, denn der Aromastoff Vanillin ist den menschlichen Sexuallockstoffen chemisch ähnlich. Bereits im alten Mexiko rieb sich die weibliche Bevölkerung mit den Schoten ein. Und auch heute werden zahlreiche Parfums mit Vanillearoma versetzt.

Ursprünglich war die Vanille neben Wasser, Kakaopulver und möglichen anderen Gewürzen ein fixer Bestandteil von *xocolatl,* der Trinkschokolade der alten Azteken. Vom Aztekenkönig Montezuma II., der eigentlich Motecuzoma hieß, gibt es die Legende, dass er täglich 50 Tassen Kakao getrunken haben soll. Das Getränk wurde gezielt zur Stärkung der Gehirnleistung eingesetzt.

Die Bezeichnung **Bourbon-Vanille** leitet sich vom früheren Namen der Insel La Réunion ab, der Île Bourbon lautete. In dieser Kolonie begannen die Franzosen zu Beginn des 19. Jahrhunderts mit dem Vanille-Anbau.

Der deutsche **Name** Vanille stammt vom spanischen *vainilla,* was „kleine Hülse" bedeutet.

Der **Legende** nach entspross die Pflanze der Gewürzvanille aus einer getöteten totonakischen Prinzessin. Die Totonaken waren ein Volk an der mexikanischen Golfküste, das Mitte des 15. Jahrhunderts von den Azteken unterworfen wurde.

## Vanillepudding „selbstgemacht"

4 Portionen

| | |
|---:|:---|
| 1 | *Vanilleschote* |
| 300 ml | *Milch* |
| 2–3 EL | *Vanillezucker* |
| 2–3 EL | *Maisstärke* |

Das Mark aus der Vanilleschote kratzen. Milch mit Vanillemark, Vanillezucker sowie der ganzen Schote aufkochen. Zwischenzeitlich Maisstärke mit etwas Wasser (oder kalter Milch) glatt rühren. Im Anschluss die Maisstärke langsam nach und nach in die heiße Milch einrühren. Die Milch muss kochen, damit die Stärke bindet. Pudding in gewünschte Formen füllen und für einige Stunden kalt stellen.

**W** *wie ...*

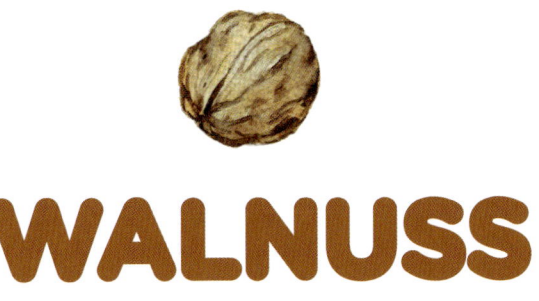

# WALNUSS

*Juglans regia, Echte Walnuss, Welschnuss, Baumnuss*

**Heimische Erntezeit:** Oktober

**Walnussbäume** beginnen erst zwischen einem Alter von 10 bis 20 Jahren Früchte zu tragen. Ihren größten Ertrag haben sie ab 40 Jahren. Sie können ein Alter von bis zu 160 Jahren erreichen.

Die weltweit größten **Produzenten** von Walnüssen sind China, die USA, der Iran, die Türkei und Mexiko.

Es gibt verschiedene Walnuss-**Sorten.** Im Handel ist am häufigsten die gewöhnliche Walnuss zu bekommen. Daneben gibt es auch die kleinere Kriebelnuss, die hartschalige Schlegelnuss und die Meisennuss, die im Gegensatz eine sehr zerbrechliche Schale hat.
Die Schale der Pferdenuss ist vergleichsweise weich und wird gerne zu kleinen Schmuckschachteln verarbeitet, was ihr auch die französische Bezeichnung *noix à bijoux* („Nüsse für Juwelen") eingebracht hat.

Die Walnuss ist ein uralter Baum, der bereits für die **Kreidezeit** belegt ist, die von 145 Mio. bis 66 Mio. Jahre vor unserer Zeit dauerte. Das heißt, die Walnuss hat auch die Eiszeiten überstanden und zwar vermutlich in Syrien und in Anatolien.

Vom Menschen wird die Walnuss seit zumindest 9.000 Jahren als **Nahrungsmittel** genutzt.

**Natürlich verbreitet** ist die Walnuss im Mittelmeergebiet, am Balkan und in Vorder- und Mittelasien. In Süd-, West- und Mitteleuropa wird der Baum bereits seit der römischen Antike gezielt kultiviert.

In die USA wurde die Walnuss um 1770 von den Spaniern eingeführt. Heute ist **Kalifornien** der größte Exporteur von Walnüssen weltweit.

## ... *das kann ich*

- stärke die Nerven (→ Vitamin B6)
- wirke antioxidativ
- sorge für ein gesundes Herz (→ Antioxidantien, Omega-3-Fettsäuren)
- sorge für gesunde Haut und Haare

Walnüsse sind die ideale Nervennahrung. Am Abend gegessen sorgen sie für guten Schlaf, weil sie die Produktion des Schlafhormons Melatonin anregen. Das in den Nüssen enthaltene **Vitamin B6** stärkt zudem die Nerven. Es verbessert die Konzentration und mindert Müdigkeit.

An **Mineralien** und Spurenelementen enthalten sie Kalium, Phosphor, Zink und Magnesium. Zink stärkt dabei das Immunsystem, sorgt für eine gute Wundheilung und ist am Zuckerstoffwechsel beteiligt.

Die Nüsse haben **antioxidative Wirkung** und beugen daher Herz-Kreislauf-Erkrankungen und Krebs vor. Lt. Studien der Harvard Universität kann eine Handvoll Nüsse pro Tag das Krebsrisiko senken.
Durch ihren hohen Gehalt an **Omega-3-Fettsäuren** sorgen sie zusätzlich für ein gesundes Herz, denn die Fettsäuren senken sowohl den Blutdruck als auch den Cholesterinspiegel. Außerdem wirken sie entzündungshemmend auf die Arterien.

Neben den Nüssen werden auch die Blätter des Walnussbaumes für gesundheitliche Zwecke genutzt. Getrunken hemmt Walnussblättertee die Schweißbildung, äußerlich angewendet soll er diverse **Haut**erkrankungen lindern können. Als Spülung soll der Tee außerdem für kräftiges und glänzendes **Haar** sorgen.

Die **Ernte** fällt nicht jedes Jahr gleich gut aus und ist stark vom Wetter abhängig. Walnüsse sind sehr kälteempfindlich. Am besten gedeihen sie in wintermilden Lagen mit genügend Niederschlag. Sie werden daher gerne in Weinbauregionen kultiviert. Es heißt, dass gute Nussjahre auch gute Weinjahre sind. Walnüsse sind **reif,** wenn ihre grüne Umhüllung aufplatzt und die Nüsse vom Baum fallen.

Die getrockneten Walnüsse sind monatelang **haltbar,** sodass man sie bei uns das ganze Jahr über kaufen kann. Man bekommt sie meist bereits geschält. Sie sind im Handel aber auch ungeschält erhältlich.

In der Produktion werden die Nüsse zunächst nach Größe sortiert und dann mit speziellen Knackmaschinen aufgebrochen. Diese **dragon crackers** brechen die Schalen nicht nur auf, sondern trennen auch gleich den Kern von der Schale.

Aus den fettreichen Kernen wird zudem **Walnussöl** hergestellt.

Walnüsse werden jedoch nicht nur reif verwendet. Aus den sogenannten **Johanninüssen** (halbreife und grüne im Juni geerntete Nüsse) wird Nusslikör oder Einmachobst hergestellt. Kandiert werden sie auch Schwarze Nüsse genannt. Sie sind reich an Vitamin C. Johanninüsse werden sie genannt, weil sie traditionellerweise am Johannistag (23. Juni) geerntet werden. Der in Italien aus ihnen hergestellte Nusslikör wird Nocino genannt, in Serbien, Kroatien und Bosnien trägt der Likör aus grünen Walnüssen den Namen Orahovac.

Der **Name** Walnuss leitet sich von *welsche Nuss* („von den Romanen herkommende Nuss") ab, was daher kommt, dass die Walnuss, bevor sie bei uns kultiviert wurde, vor allem aus Frankreich und Italien importiert wurde.

Dass die fleischige Umhüllung, genauso wie unreife Walnüsse, sehr stark färben, wird wohl vielen vom Aufsammeln bekannt sein. Dass diese unliebsame Eigenschaft aber auch zum **Färben von Holz** in Form der Nussbeize oder als Gerbmittel genutzt wird, ist weniger bekannt.

Aber auch das Walnussholz selbst wird genutzt. Es ist eine der wertvollsten Holzarten, die es in Mitteleuropa gibt. So besteht beispielsweise das Interieur von Luxusautos häufig aus **Walnussholz.** Das Besondere an der Nutzung des Holzes ist, dass Walnussbäume nicht gefällt, sondern mit dem Wurzelstock ausgegraben werden.

In früheren Zeiten wurden Walnussbäume gerne in Hausnähe oder in der Nähe von Ställen gepflanzt, da die Bäume **Insekten vertreiben.** Walnussblätter wurden auch in den Kleiderschrank und in das Bett gelegt, um Ungeziefer fernzuhalten.

In Pakistan werden auch heute noch manchmal kleine Rindenstücke als **Zahnbürste** verwendet.

Im alten Griechenland wurde die Walnuss *karyon, also „Kopf",* genannt. Die Bezeichnung ist nachvollziehbar, wenn man sich die Ähnlichkeit bewusst macht, die die Form des weichen Kernes, der von einer harten Schale umgeben ist, mit dem menschlichen Schädel hat.

Die Walnuss, die seit Jahrtausenden von den Menschen genutzt wird, wurde über die Zeit zum Symbol für ganz unterschiedliche Dinge.
Für die Kelten verkörperte der Baum **das Ewige** sowie die Kraft der Natur. Die Germanen weihten die Walnüsse Fro, der Göttin der Liebe und des Erntesegens. Es gibt auch die Überlieferung, dass Walnüsse als **Liebesorakel** dienten. Dazu legte ein Liebespaar zwei Nüsse ins Feuer. Blieben sie in der großen Hitze nebeneinander liegen, deutete dies auf eine potenziell gute Ehe hin, flogen die Nüsse jedoch explodierend auseinander, wurde dem Paar angeraten, die Heiratspläne noch einmal zu überdenken.
Gleichzeitig war die Walnuss aber auch ein **Totenbaum.** Weil andere Pflanzen schlecht unter dem Baum wachsen und man auch schlecht unter Walnüssen schläft, vermutete man den Baum als Stätte böser Geister. Mittlerweile weiß man, dass beides, schlechtes Pflanzenwachstum und schlechter Schlaf, von Substanzen verursacht wird, die von den Walnussblättern abgesondert werden.

In der griechischen und römischen Antike war die Walnuss ein Symbol der Fruchtbarkeit. Bei den alten Griechen gab es den Brauch, dass unter den Hochzeitsgästen Nüsse verteilt wurden, sobald die Braut das Brautgemach betrat, damit sie viele Kinder bekommen würde. Der **„Polterabend"** stammt von einem ebenso alten Ritual, bei dem der Braut am Vorabend der Hochzeit ein Korb voller Nüsse durch das Fenster in ihr Zimmer geschüttet wurde, die reichen Kindersegen bringen sollten und – wie man sich vorstellen kann – polterten.

Auch bei den alten Römern gab es einen Hochzeitsbrauch, bei dem die Walnuss eine Rolle spielte. Der Bräutigam warf eine Nuss unter die Gäste und hoffte auf einen hellen Klang beim Aufprall (einer gefüllten Nuss, denn eine hohle würde dumpf klingen), da dieser eine glückliche Ehe voraussagte.

Im Christentum ist die Walnuss als Symbol für Fruchtbarkeit umgedeutet worden in ein **Symbol der Wolllust und Sünde.** Man glaubte, dass auf jedem Walnussblatt ein Teufel wohne, der mit Hexen unter den Walnussbäumen Liebesorgien feiere.

## Ingwer-Zitronen-Nüsse

| | |
|---:|:---|
| 3 | Eiweiß |
| 1 Stk. | Ingwerwurzel (daumengroß) |
| 3 | Zitronen (Abrieb) |
| 4 EL | Zucker |
| 1 kg | Walnüsse |

Backofen auf 180 °C vorheizen.
In der Zwischenzeit Eiweiß, geriebenen Ingwer, Zitronenzesten und Zucker mit den Nüssen gut vermischen.
Backblech mit Backpapier auslegen und die marinierten Nüsse gleichmäßig darauf verteilen und so lange rösten, bis sie eine schöne braune Farbe bekommen.
Abkühlen lassen und als Snack reichen.

**W** wie...

# WEINTRAUBE

*Vitis vinifera*

 Obwohl man gemeinhin von der Weintraube spricht und damit auch die einzelnen Früchte meint, bezeichnet „Weintraube" den Fruchtstand der Weinrebe, während die einzelnen runden Früchte richtigerweise als **„Weinbeeren"** bezeichnet werden.

Weintrauben sind auf der ganzen Welt in gemäßigten und warmen Gebieten verbreitet. Es gibt etwa 60 Weintrauben-Arten und **zehntausende Sorten.** Sie sind nach den Zitrusfrüchten das meistgeerntete Obst weltweit. Dabei wird ca. die Hälfte aller Trauben in Europa produziert.

Weltweit wurden 2014 **74,5 Mio. Tonnen** Weintrauben produziert. An erster Stelle steht China mit einer Produktionsmenge von 12,6 Mio. Tonnen, gefolgt von den USA, Italien, Spanien und Frankreich mit jeweils zwischen 6 und 7 Mio. t.

Ganze 85% der geernteten Trauben werden zu **Wein** weiterverarbeitet. Nur 10% dienen als Tafeltrauben, die als Obst in den Handel gelangen. Die restlichen 5% werden zu Rosinen getrocknet.

Bei den Weintrauben unterscheidet man grob zwischen **Keltertrauben** und **Tafeltrauben.** Während aus ersteren Wein gewonnen wird, sind zweitere für den Verzehr als Obst bestimmt. Tafeltrauben haben im Gegensatz zu den Keltertrauben größere Beeren, die jedoch weniger süß und saftig sind. Außerdem sind sie häufig kernlos.

Die **ursprüngliche Heimat** der Weintrauben liegt in Vorderasien in der Gegend um das Kaspische Meer.

Aus den Wildreben wurden bereits vor 7.000 Jahren die ersten **Edelreben** gezüchtet.

Die Frucht war ebenso den Ägyptern, den Griechen und den Römern der **Antike** bekannt. Sie alle stellten aus den Trauben auch Wein her. Die Ägypter verwendeten Wein bei ihren Tempelritualen. Den alten Griechen waren Weintrauben eine Götterspeise.
Die Römer verbreiteten sie im restlichen Europa.

Im **Mittelalter** wurde vor allem in gemäßigten europäischen Regionen von Mönchen Weinbau betrieben.

Auf der restlichen Welt verbreitet wurden die Weintrauben im Zuge der **Kolonialisierung** ab dem 15. Jahrhundert.

Bis Ende des 19. Jahrhunderts waren **wilde Weintrauben** in Vorderasien, aber auch in Europa in Wäldern zu finden. Sie rankten sich bevorzugt an Bäumen hoch. Doch aufgrund der intensiven Waldabholzung im 17. und 18. Jahrhundert wurden ihre Bestände stark reduziert.

## ... das kann ich

- bin ein Radikalfänger (→ sekundäre Pflanzenstoffe)
- beuge Gefäßschäden vor
- wirke entzündungshemmend, antiviral und krebshemmend
- stärke das Immunsystem (→ Ballaststoffe)
- reguliere den Cholesterinspiegel
- stärke die Nerven (→ Vitamin B)

Was Weintrauben für unsere Gesundheit ganz besonders bedeutend macht, sind ihre **sekundären Pflanzen(inhalts)stoffe.** Allen voran sind **Resveratrol,** Quercetin und Pycnogenol zu nennen. Sie sitzen vor allem in den Schalen und den Kernen, weshalb aus gesundheitlicher Sicht nicht zu kernlosen Früchten gegriffen werden sollte. Außerdem sollte man blauen Trauben den Vorzug geben, denn diese enthalten zusätzlich noch den Farbstoff Anthocyan und haben insgesamt einen höheren Flavonoidgehalt als grüne Trauben.

Den enthaltenen sekundären Pflanzenstoffen ist gemein, dass sie starke **Antioxidantien** sind, die freie Radikale unschädlich machen können und so unsere Zellen vor Alterung und Entartung schützen. Damit beugen sie unter anderem Hautalterung, Gefäßschäden und Krebs vor.

In Studien konnte gezeigt werden, dass die in Weintrauben ent-haltenen sekundären Pflanzenstoffe die Vermehrung von **Krebszellen** unterbinden können, da sie ein Enzym hemmen, das ihr Wachstum beschleunigt und in Krebszellen sogar 300-mal aktiver ist als in ge-sunden Zellen.

**Quercetin,** das bereits sehr gut erforscht ist, gehört wie Resveratrol zu den Flavonoiden. Es hat nicht nur entzündungshemmende und krebs-hemmende Eigenschaften, sondern wirkt auch antiviral. Zudem hat es eine mehrfach positive Wirkung auf unsere Blutgefäße. Es verhindert arteriosklerotische Ablagerungen, hat blutverdünnende Wirkung und entspannt die Blutgefäße, weshalb es auch blutdrucksenkend wirkt. Auch **Resveratrol** wirkt durchblutungsfördernd.

Damit schützen die sekundären Pflanzenstoffe die Gefäße und beugen Gefäßschäden, Bluthochdruck, Arteriosklerose und Herz-Kreislauf-Erkrankungen vor. Außerdem schützt Resveratrol vor Pilz-, Bakterien- und Vireninfektionen. Dieselbe Wirkung hat der sekundäre Pflanzen-stoff auch für die Weintrauben selbst. Da sich Resveratrol aber erst bildet, wenn die Pflanzen mit Mikroorganismen in Berührung kom-men, ist der Griff zu biologischen Produkten wärmstens zu empfehlen. Denn bei Trauben aus herkömmlichem Anbau wird dieser Selbst-schutzmechanismus weniger leicht ausgelöst, da sie gegen Mikro-organismen gespritzt werden.

Weitere positive Wirkungen, die Resveratrol erwiesenermaßen auf unseren Körper hat, sind, dass es den Insulinspiegel bei Diabetikern regulieren kann, Leberzirrhosen vorbeugen und sogar DNA-Schäden reparieren kann.

**Pycnogenol** ist ein weiterer antioxidativ wirkender sekundärer Pflanzenstoff, der ebenso die Gefäße schützt, die Durchblutung verbessert und rheumatologische Erkrankungen lindert. Es soll sogar doppelt so starke antioxidative Wirkung haben wie Vitamin E. Ein weiterer Vorteil von Pycnogenol ist, dass es die Blut-Hirn-Schranke überwinden kann und damit auch die Gehirnzellen vor oxidativen Schäden bewahrt. Zu betonen ist, dass die einzelnen Pflanzenstoffe einander offenbar in ihrer Wirkung verstärken, da sie gemeinsam viel größere Wirkung entfachen als die Einzelstoffe alleine.

Zusätzlich zu den sekundären Pflanzenstoffen enthalten Weintrauben noch weitere Inhaltsstoffe, die unserer Gesundheit nutzen. Ihre **Ballaststoffe** regen den Darm an und wirken entwässernd und entgiftend. Sie binden Gifte sowie Cholesterin und tragen so zu einer Senkung des Cholesterinspiegels bei. Da die Ballaststoffe auch die Darmgesundheit fördern, stärken sie indirekt auch das Immunsystem.

Die Traubenkerne enthalten weiters wertvolle ungesättigte Fettsäuren, die sich positiv auf die Zusammensetzung unserer Blutfette auswirken und das „schlechte" LDL-**Cholesterin** senken.
Sie enthalten auch zahlreiche **Mineralstoffe** wie Eisen, Kalzium, Kalium, Magnesium und Phosphor. Eisen hat eine wichtige Bedeutung für den Sauerstofftransport im Blut und damit für den Energiehaushalt. Kalzium stärkt Knochen und Zähne. Kalium wird für die Muskel- und Nervenfunktion und auch die Regulation des Wasserhaushaltes benötigt.

An Vitaminen stecken besonders **B-Vitamine** in den Weintrauben. Enthalten sind B1 (Thiamin), B3 (Niacin), B6 (Pyridoxin) und B9 (Folsäure). Während B1 und B6 besonders wichtig für unsere Nerven sind, hat B3 eine positive Auswirkung auf unsere Nägel, Haut und Schleimhäute. Folsäure wird für das Zellwachstum benötigt. Ein Mangel an Folsäure schwächt das Immunsystem und kann zu Anämie führen.

**I** Der Weinbau ist weltweit betrachtet die größte **Lebensmittelindustrie.**

Die Ernte der Weintrauben heißt **Traubenlese.** Auch als „Herbsten" wird sie manchmal bezeichnet. Während mittlerweile auch schon maschinell gelesen wird, ist die manuelle Lese nach wie vor von großer Bedeutung, da aus den so geernteten Trauben qualitativ besserer Wein erzeugt werden kann. Bei der maschinellen Ernte werden die einzelnen Beeren von den Reben heruntergeschüttelt. Dabei fallen auch kleine Zweige, Blätter und Käfer mit, die nur zum Teil durch ein Gebläse wieder entfernt werden können. Zudem gelangen auch unreife oder faule Beeren mit in den Mix, die per Hand geerntet ausgesiebt werden können.

**Eiswein** ist aus mehreren Gründen besonders hochpreisig. Er kann erst gelesen werden, wenn die Temperatur zumindest -7 °C beträgt. Dies geschieht nicht selten in unseren Gegenden erst im Dezember oder manchmal auch erst im Jänner. Die Beeren müssen tiefgekühlt gepresst werden. Dadurch entsteht ein besonders konzentrierter Traubensaft. Entsprechend gering ist die produzierte Menge. Sie beträgt nur etwa 10% des Volumens der ursprünglichen Trauben. Das liegt aber zu großen Teilen auch daran, dass die Früchte, die so lange an den Reben hängen, von Tieren gefressen werden oder witterungsbedingt faulen oder vertrocknen. Während ein künstliches Tieffrieren der Trauben in Deutschland und Österreich nicht erlaubt ist, kommt die Methode des „frostings" etwa in Neuseeland sehr wohl zum Tragen.

Der Begriff **Rosinen** bezeichnet alle getrockneten Weinbeeren. Je nach Rebsorte werden sie in die unterschiedlichen Sorten Sultaninen, Korinthen und Zibeben eingeteilt.

Bei **Grappa** handelt es sich um einen Tresterbrand. Er wird aus dem Pressrückstand von Weintrauben hergestellt.

Aus den **Traubenkernen** kann auch Öl und Mehl gewonnen werden. Traubenkernextrakt wird zudem in der Kosmetikindustrie verwendet, da er positive Wirkung auf die Hautelastizität hat.

Im Gegensatz zu Menschen und den meisten Tieren, können Weintrauben **für Hunde giftig** sein.

**Z** *wie ...*

# ZIMT

*Cinnamomum verum, Echter Zimt, Kaneel, Ceylon-Zimt*

Bei Zimt handelt es sich um ein Gewürz, das aus der getrockneten **Rinde von Zimtbäumen** hergestellt wird. Der Zimtbaum ist ein immergrüner tropischer Baum, der zu den Lorbeergewächsen zählt.

Benutzt wird die dünne Bastschicht der Zimtbäume, die abgeschält wird. Zum Trocknen werden bis zu zehn Stück Rinde ineinandergesteckt und ergeben im getrockneten Zustand eine harte röhrenähnliche **Zimtstange.** Je dünner und heller der gewonnene Stangenzimt ist, desto höher ist die Qualität. Neben Zimtstangen sind natürlich auch gemahlener Zimt und Zimtblüten im Handel erhältlich.

Es gibt verschiedene Zimtarten, die von unterschiedlichen Bäumen gewonnen werden. Der Echte Zimt (*Cinnamomum verum*) ist der wertvollste unter ihnen. Neben dem Echten Zimt, der auch **Ceylon-Zimt** genannt wird, ist auch der Chinesische Zimt oder **Cassia-Zimt** von wirtschaftlicher Bedeutung. Cassia-Zimt ist wesentlich billiger als Ceylon-Zimt und wird daher überwiegend in Fertigprodukten verwendet.

Der Echte Zimt stammt **ursprünglich,** wie sein Name schon andeutet, aus Indien und Sri Lanka, das früher den Namen Ceylon trug. Cassia-Zimt ist in Südostasien heimisch.

2014 wurden weltweit **214.000 Tonnen** Zimt (Ceylon- und Cassia-Zimt) produziert. Dabei sind vier Länder für 98% des weltweiten Zimts verantwortlich. 91.000 t kamen aus Indonesien, 71.000 t aus China, 32.000 t aus Vietnam und 17.000 t aus Sri Lanka. Während in Indonesien, China und Vietnam vorwiegend der günstigere Cassia-Zimt produziert wird, stammt der wertvollere Ceylon-Zimt aus Sri Lanka.

Nach Deutschland werden jährlich ca. 3.500 Tonnen Zimt **importiert.** 34% davon kommen aus Madagaskar, 32% aus Indonesien, 11% aus China und 9% aus Sri Lanka.

**H** Zimt ist eines der ältesten Gewürze überhaupt. Er wurde bereits vor 4.000 Jahren **in Indien** genutzt.

Auch den **alten Ägyptern** war er bekannt. Sie verwendeten ihn nicht nur als Gewürz, sondern auch als Räuchermittel und zur Einbalsamierung der Toten.

In der **römischen Antike** schätzte man das Gewürz ebenso unter anderem als Räucherwerk. Man schrieb ihm aphrodisierende Wirkung zu. Kaiser Nero soll der Überlieferung nach zum Gedenken an seine verstorbene Frau Poppäa Riesenmengen an Zimt angezündet haben.

Im europäischen Mittelalter wurde Zimt als Gewürz und Heilmittel verwendet. Er war eines der kostbarsten und **teuersten Gewürze.**

Während bis in die 1960er-Jahre Vietnam der wichtigste Cassia-Zimt-Produzent war, förderten die USA im Zuge des Vietnamkriegs die **Zimtproduktion** in Indonesien.

**G**

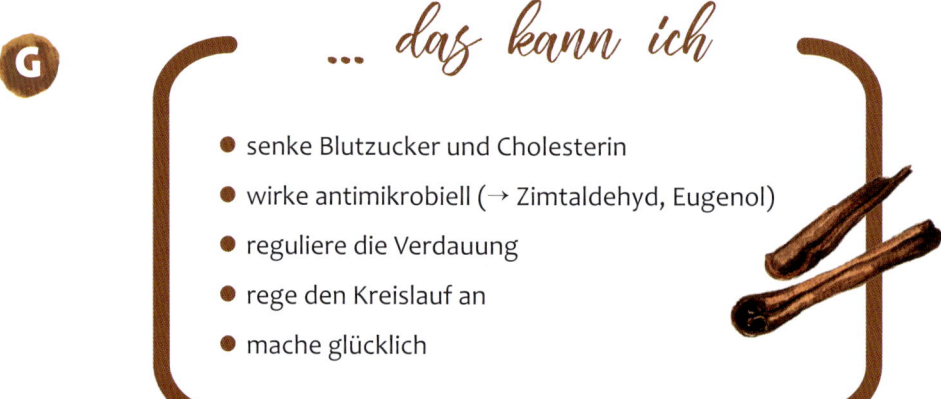

... *das kann ich*

- senke Blutzucker und Cholesterin
- wirke antimikrobiell (→ Zimtaldehyd, Eugenol)
- reguliere die Verdauung
- rege den Kreislauf an
- mache glücklich

Zu Heilzwecken sollte ausschließlich der qualitativ **höherwertige Ceylon-Zimt** verwendet werden. Als Heildroge wird sowohl die Zimtrinde als auch das aus der Rinde gewonnene ätherische Öl verwendet. Das Öl enthält die Inhaltsstoffe des Zimts in höherer Konzentration und hat daher auch stärkere Wirkung.

Echter Zimt hat blutzuckersenkende Wirkung. Der im Gewürz enthaltene Wirkstoff MHCP wirkt ähnlich wie Insulin. Er verstärkt die Aufnahme von Glucose in den Zellen und kann so die **Blutzuckerregulation** verbessern.

Auch den **Cholesterinspiegel** hilft Zimt zu senken. Er kurbelt zudem den Stoffwechsel an und fördert die Fettverbrennung. Insgesamt kann Zimt also auch zur Unterstützung der Gewichtsreduktion dienen.

Eine wichtige Eigenschaft des Echten Zimtes ist seine antimikrobielle Wirkung. Verantwortlich dafür ist **Zimtaldehyd,** die Hauptkomponente des ätherischen Zimtöls. Gemeinsam mit **Eugenol,** einem weiteren Inhaltsstoff, bekämpft das Gewürz Mikroorganismen und kann aus diesem Grund Linderung bei Magen-Darm Infekten verschaffen, aber auch gegen Fußpilz angewendet werden. Weil Zimt das Wachstum von Bakterien hemmt, kann er auch als Fußpuder gegen Schweißgeruch verwendet werden.

Ein häufiges Einsatzgebiet von Zimt sind **Verdauungsstörungen.** Das Gewürz wirkt nicht nur appetitanregend, sondern lindert auch Blähungen, Bauchkrämpfe und Durchfall. Die entkrampfende Wirkung wird ebenfalls dem Zimtaldehyd zugeschrieben. Aber auch die verdauungsfördernde Wirkung ist auf das ätherische Öl zurückzuführen, denn es reizt die Schleimhäute und regt dadurch die Speichel- und Magensaftproduktion an.

Neben der Verdauung regt Echter Zimt auch den **Kreislauf** an. Das Gewürz wirkt durchblutungsfördernd und wärmend, weshalb es in der Traditionellen Chinesischen Medizin etwa als Mittel gegen Kreislaufschwäche, niedrigen Blutdruck und innere Kälte angewendet wird.

Zimt soll zudem den Serotoninspiegel im Blut ansteigen lassen. Serotonin wird auch als **„Glückshormon"** bezeichnet. Der Botenstoff ist dafür verantwortlich, dass wir uns zufrieden und ausgeglichen fühlen.

Leider enthält Zimt auch gesundheitsschädigende Bestandteile. Allen voran ist **Cumarin** zu nennen. Bei Überdosierung kann es neben Kopfschmerzen, Übelkeit und Atembeschwerden sogar zu einer Leberschädigung kommen. Außerdem wirkt Cumarin krebsfördernd. Cumarin ist auch der Grund, weshalb Ceylon-Zimt dem billigeren Cassia-Zimt vorgezogen werden soll, denn der Echte Zimt enthält wesentlich geringere Mengen des Inhaltsstoffes, sodass eine schädigende Wirkung praktisch nicht eintreten kann.

**Vorsicht** ist auch für Schwangere geboten. Zimt kann nämlich Wehen auslösen. Auch Allergiker oder Personen mit Magen- oder Darmgeschwüren sollten von Zimt besser Abstand nehmen. Das ätherische Zimtöl ist darüber hinaus auch hautreizend.

Die antibakterielle und desinfizierende Wirkung des Zimts kann man sich auch im **Haushalt** zunutze machen, indem man etwa dem Wasser, das zum Putzen gedacht ist, etwas Zimt beimengt.

Als Gewürz wird Zimt auch in der Lebensmittelindustrie verwendet. Mit Zimt werden nicht nur Tee- und Gewürzmischungen verfeinert, sondern auch Spirituosen und andere Getränke aromatisiert. **Coca-Cola** ist etwa ein Großabnehmer des Gewürzes, denn Zimt ist auch ein Bestandteil von Cola-Getränken.

Auch in der **Parfumindustrie** wird Zimt als Duftstoff verwendet.

**Zimtöl** wird entweder aus kleineren Ästen oder den Blättern gewonnen oder aus den Abfällen, die bei der Herstellung von Zimtpulver anfallen.
Mit der Hilfe von Zimtöl kann Brot bis zu 10 Tage lang frisch gehalten werden.

Regional werden die **Blätter** des Zimtbaumes, der ja zu den Lorbeergewächsen gehört, wie Lorbeerblätter verwendet.

Zimt eignet sich ebenso als Mittel zur **Insektenbekämpfung.** Um Stechmücken abzuwehren, kann man etwas Zimtpulver in die Sonnencreme oder Bodylotion mischen und sich damit einreiben. Der abwehrende Effekt ist abermals auf das im ätherischen Zimtöl enthaltene Zimtaldehyd und Eugenol zurückzuführen.

Auch **Ameisen** soll man mit ätherischem Zimtöl vertreiben können, da diese den Geruch nicht mögen.

Mit Zimt können zudem angeblich **Haare** auf natürlichem Weg aufgehellt werden.

Da Zimt äußerlich angewandt die Durchblutung fördert und daher wärmend wirkt, ist er ein Hausmittel **gegen kalte Füße.**

Zimt wird auch eine **aphrodisierende Wirkung** nachgesagt. König Salomon soll sein Schlaflager mit Myrrhe, Aloe und Zimt aromatisiert haben in der Hoffnung auf eine aufregende Liebesnacht. In Persien soll man früher Salben aus Zimt und Honig zur Steigerung der Lust und Potenz von Männern hergestellt haben.

Zur Herkunft des Zimtes gibt es allerlei **erstaunliche Mythen,** die dadurch entstanden sind, dass das Gewürz in Europa nicht heimisch war und der Großteil der Bevölkerung offenbar nicht wusste, woher es stammte.
Der griechische Historiker Herodot (490–424 v. Chr.) glaubte noch, Zimt würde auf dem Grund von Seen wachsen.
Eine andere fälschliche Annahme war, dass er von Zimtvögeln in ihren Nestern gesammelt würde. Um an das Gewürz zu gelangen, so der Glaube, müsse man die Vögel vom Himmel schießen.
Im Mittelalter war es landläufige Meinung, dass Zimt aus dem Paradies in den Nil geschwemmt und von Fischern gesammelt wurde.

Die **Zimtschnecke,** die  sich in Mittel-und Westeuropa, Australien und vor allem in Nordamerika und Skandinavien sehr großer Beliebtheit erfreut, hat in Schweden sogar einen eigenen Ehrentag erhalten. Der *National Cinnamon Roll Day* wird jährlich am 4. Oktober gefeiert.

**Z** *wie ...*

# ZWIEBEL

*Allium cepa, Gemüsezwiebel, Speisezwiebel, Küchenzwiebel, Hauszwiebel, Zwiebellauch, Bolle, Zipolle*

Die **ursprüngliche Herkunft** der Zwiebel ist bis heute nicht geklärt. Es gibt Hinweise darauf, dass ihre Heimat in Afghanistan liegt. Soweit bekannt ist, gibt es auch keine Pflanze, die den wilden Vorfahren der Zwiebel entspricht.

Heute wird die Kulturzwiebel auf der ganzen Welt angebaut und es gibt sie auch verwildert. Jährlich werden weltweit **88 Mio. Tonnen** geerntet (Zahlen von 2014). Fast die Hälfte davon wird in China (22,6 Mio. t) und Indien (19,4 Mio. t) produziert.

Im deutschen Gemüseanbau nimmt die Zwiebel nach der Tomate den zweiten Platz in punkto Anbaufläche ein. Auf **8% der Gemüseanbaufläche** Deutschlands werden Zwiebeln gepflanzt.

Während die Schweizer einen durchschnittlichen jährlichen **Pro-Kopf-Konsum** von nur 3,5 kg haben, isst jeder Deutsche ca. 8 kg Zwiebeln im Jahr. Auf jeden Österreicher kommen sogar ganze 10 kg.

Je nachdem, wann Zwiebeln angebaut werden, unterscheidet man zwischen **Sommerzwiebeln** und **Winterzwiebeln.** Während erstere etwa im März gepflanzt und im Spätsommer geerntet werden, werden Winterzwiebeln im August gesät und im Frühsommer geerntet.

Die Zwiebel wurde bereits vor über **5.000 Jahren kultiviert.** Sowohl in China als auch in Kleinasien und Ägypten verwendete man die Zwiebel als Nahrungs- und Heilmittel.

In **Ägypten** war sie das Symbol für ewiges Leben, was vermutlich auf ihre Kugelform und die konzentrischen Ringe zurückzuführen ist. Dementsprechend war die Zwiebel auch eine beliebte Grabbeigabe. Aber auch um ihre gesundheitliche Wirkung wusste man bereits. Die stärkenden Zwiebeln dienten weiters als Zahlungsmittel für jene Sklaven, die die Pyramiden bauten.

Im **Codex Hammurapi** (Gesetzestext des babylonischen Königs Hammurapi, 18. Jh. v. Chr.), der ältesten erhaltenen Gesetzessammlung, war festgelegt, wieviel Brot und Zwiebeln an Arme vergeben wurde.

Bei den **alten Griechen und Römern** zählte die Zwiebel ebenfalls zu den Grundnahrungsmitteln. Die römischen Gladiatoren rieben sich zur Stärkung ihrer Kräfte mit Zwiebelsaft ein. Den römischen Legionären ist auch die Verbreitung des Gemüses im restlichen Europa zu verdanken.

Ab dem **15. Jahrhundert** wurden in den Niederlanden verschiedene Zwiebelsorten gezüchtet.

## ... *das kann ich*

- stärke die Gefäße (→ Allicin)
- senke Cholesterin- und Blutzuckerspiegel (→ Quercetin, Glucokinin)
- habe antioxidative Wirkung (→ Selen)
- wirke antibakteriell, entzündungshemmend und schmerzstillend
- bekämpfe Grippeviren (→ Fruktane)

Besonders wertvoll für unsere Gesundheit ist das in Zwiebeln vorhandene **Quercetin,** welches entzündungshemmend, blutdruck- und blutzuckersenkend wirkt. Es ist die einzige in der Natur vorkommende Substanz, die die Mitochondrien in den Zellen nicht nur aktivieren, sondern sogar vermehren kann. Denn je mehr Mitochondrien wir besitzen, um so leistungsfähiger und vitaler fühlen wir uns.

Auch zur Senkung des Cholesterinspiegels können Zwiebeln beitragen. Sie fördern die Bildung des „guten" HDL und hemmen jene des „schlechten" LDL.

Zwiebeln haben auch auf den Zuckerstoffwechsel eine positive Auswirkung. Zum einen regen sie den gesamten Verdauungsapparat inklusive Leber, Galle und Bauchspeicheldrüse an. Zum anderen enthalten sie **Glucokinin,** das eine ähnliche Wirkung wie Insulin hat und daher den Zuckergehalt im Blut senkt.

Auch an **Selen** enthalten Zwiebeln erwähnenswerte Mengen. Die Knollen sind eine der besten pflanzlichen Quellen für diesen Vitalstoff, der antioxidative Wirkung entfaltet und daher Herz-Kreislauf-Erkrankungen und Krebs vorbeugen kann.

Für unsere Gesundheit ist die Zwiebel unter anderem aufgrund ihrer **antibakteriellen, schmerzhemmenden** und **entzündungshemmenden** Wirkung bekannt. Bereits im Mittelalter wurde sie als Schutz vor Pest und Cholera verwendet. Eine Zwiebelauflage gegen Mittelohrentzündung ist ein altbekanntes Hausmittel. Aus demselben Grund kann Zwiebelsaft auch bei Hauterkrankungen wie z.B. Flechten und Insektenstichen eingesetzt werden.

Das schwefelhaltige ätherische Öl der Zwiebel kann bei empfindlichen Personen jedoch auch den Magen reizen. Außerdem kann das Gemüse zu Blähungen führen. Verantwortlich dafür sind die sogenannten **Fruktane,** die bei Zwiebeln quasi die Stärke ersetzen. Sie können vom Körper nicht aufgespalten werden und gelangen daher in den Dickdarm, wo sie von Bakterien abgebaut werden. Als Nebenprodukt entstehen dabei Gase.
Ansonsten haben Fruktane aber durchaus wertvolle Eigenschaften für unsere Gesundheit. Sie wirken gegen Grippeviren, stärken die Darmflora und fördern weiters die Aufnahme von Kalzium.

**Beim Kauf** von Zwiebeln ist darauf zu achten, dass sie prall, fest, trocken und frei von grünen Trieben sind. Sie sollten außerdem keine dunklen Flecken unter der Haut haben, denn diese deuten auf Fäulnis und Schimmel hin.

Zwiebeln sollen nicht im Kühlschrank **gelagert** werden, da sie durch die Feuchtigkeit leicht austreiben. Lieber bewahrt man sie an einem trockenen, kühlen und dunklen Ort auf. Auch auf eine lockere und luftige Lagerung sollte geachtet werden. Rote Zwiebeln sind wesentlich weniger lang haltbar als braune. Während erstere nur wenige Wochen durchhalten, können letztere, die typischen Lagerzwiebeln, über mehrere Monate gelagert werden.

Die schwefelhaltigen Verbindungen sind dafür verantwortlich, dass wir **beim Zwiebelschneiden weinen** müssen. Sie entstehen, sobald die Zellen der Zwiebel zerstört werden. Die Verbindungen reizen die Augen, wodurch der Tränenfluss angeregt wird, um die Reizstoffe aus dem Auge zu schwemmen. Die Reizung kann gemildert werden, indem das Messer sehr scharf ist oder man die Zwiebel unter laufendem Wasser – oder, weil praktikabler, zumindest auf einem nassen Brett – schneidet.

Vor dem lange anhaftenden **Zwiebelgeruch** an den Händen kann man sich schützen, indem man das Gemüse mit nassen Händen schneidet. Gegen den unangenehmen Mundgeruch nach dem Zwiebelkonsum hilft Petersilie, da das in ihr enthaltene Chlorophyll geruchshemmend wirkt.

In William Shakespeares **Sommernachtstraum** gibt der „Theaterregisseur" den Laienschauspielern die Anordnung: „And, most dear actors, eat no onions nor garlic, for we are to utter sweet breath."

**Angeschnittene Zwiebeln** sollten nicht offen im Kühlschrank gelagert werden, da sie ihr Aroma an andere Lebensmittel abgeben.

Zwiebelsaft ist ein bewährtes **Hausmittel** gegen Insektenstiche. Dazu die Einstichstelle mit einer frisch angeschnittenen Zwiebel einreiben.
Auch brüchigen Fingernägeln kann man mit Zwiebelsaft zu Leibe rücken.

Der **deutsche Name** der Zwiebel hat sich über das mittelhochdeutsche Wort *zwibolle* vom Lateinischen *cepula* entwickelt.

Einer alten **englischen Bauernregel** zufolge kann man an der Dicke der Zwiebelschalen ablesen, wie kalt der kommende Winter wird. Dicke Schalen deuten auf einen besonders harten Winter hin.

Laut **Guinness-Buch** der Rekorde wog die größte jemals gezüchtete Zwiebel über 8 Kilogramm und wurde in Großbritannien geerntet.

# Zwiebelkonfitüre

4 Gläser á 200 ml

| | |
|---|---|
| 800 g | Zwiebeln (rot oder weiß) |
| 3 EL | Honig |
| 1 EL | Rohrzucker |
| 150 ml | Portwein |
| 70 ml | Balsamico |
| 1 TL | Schwarzkümmel |
| 3 | Thymianzweige |
| 3 | Gewürznelken |
| 1 TL | Salz |

Zwiebeln schälen und in feine Ringe schneiden. Honig, Rohrzucker und Portwein vermengen und die Zwiebelringe darin einlegen und mindestens 4 h kühl rasten lassen.
Anschließend die Masse in einen Topf geben und Kräuter und Gewürze hinzufügen. Aufkochen, Balsamico hinzugeben und bei geringer Hitze köcheln, bis die Masse cremig eingedickt ist. Von der Kochstelle nehmen, die Gewürznelken entfernen und noch heiß in vorbereitete Gläser füllen.
Zwiebelkonfitüre schmeckt exzellent zu Käse.

# Brennpunkt Nährstoffe

Wenn wir vom Nährstoffgehalt von Obst und Gemüse sprechen und uns die zahlreichen Nahrungsergänzungsmittel vor Augen führen, so verstärkt sich häufig der Eindruck, dass ergänzende Mittel notwendig sind, weil die Lebensmittel im Vergleich zu früher weniger **Vitamine und Mineralstoffe** enthalten. Und ja, es existieren Studien, die belegen, dass die Nährstoffe in Früchten und im Gemüse in den letzten 50 Jahren abgenommen haben. Die Ergebnisse reichen von minimalen Einbußen bis zu Horrorszenarien mit Rückgängen von bis zu 80%.

7 bis 9 Portionen an Obst und Gemüse pro Tag sollen, laut aktueller Empfehlungen der „Ernährungsexperten" der WHO, den Bedarf an Vitaminen und Mineralstoffen decken. Forscher des Imperial College in London empfehlen gar, die Tagesdosis auf 10 Portionen zu erhöhen. Nur ist das im Alltag wirklich auf Dauer umsetzbar?

Selbstverständlich haben Globalisierung und Produktüberfluss Auswirkungen auf die Nahrungsmittelqualität. Die „Verarmung" an Nährstoffen in Obst und Gemüse sowie in Pflanzen und Kräutern wird nicht nur vom Boden, sondern auch von vielen anderen Faktoren beeinflusst, wie z.B. der Sorte, dem Standort, der Klimaveränderung, der Anbauform, dem Erntezeitpunkt, Reifegrad, Transport und der vergleichsweise langen Lagerung sowie auch dem Einsatz von Pestiziden zur Düngung der Böden und zur Steigerung des Wachstumsprozesses.

Aber trotz aller Studien, trotz veränderter Rahmenbedingungen und der starken Lobby der Nahrungsergänzungsmittel-Industrie bleiben Obst, Gemüse und Co. unsere Hauptlieferanten für die wichtigsten Nährstoffe, die von unserem Körper verwertet werden.

Selbstverständlich existieren **Qualitätsunterschiede** – so wird eine selbstgeerntete Tomate aus Ihrem Garten andere Werte aufweisen als etwa eine im Winter aus Spanien importierte Glashaustomate. Sollten Sie nicht das Glück haben, im eigenen Garten oder auf Ihrer Terrasse ernten zu können, achten Sie daher beim Kauf auf Qualität. Immer mehr Bio-Produkte bzw. regionale Produkte finden sich in den Regalen und in jeder größeren Stadt gibt es Märkte, auf denen frische lokale Produkte angeboten werden.

Denn es ist wichtig, die richtige Wahl zu treffen, mit der Sie Ihren Beitrag zu einer gesunden Ernährung leisten können.

Als Abschluss noch ein kurzer Überblick über die wichtigsten **Inhaltsstoffe und deren Wirkung:**

| Name | Hauptvor-kommen | Wirksamkeit | Mangel | Erhöhter Bedarf |
|---|---|---|---|---|
| **Chrom** | Kartoffeln, Nüsse, Gemüse, Vollkornprodukte, Obst, Hefe, Honig, Kalbsleber | Kohlenhydrat-stoffwechsel, Fettsäureabbau, Insulin-Reaktion mit Rezeptoren an Zelloberfläche | Gewichtsverlust, verminderte Glukosetoleranz | bei reichlichem Genuss von raffiniertem Zucker, bei hohem Cholesterinspiegel; ältere Menschen, Diabetiker |
| **Eisen** | Fleisch, Kohl, Nüsse, Eigelb, Leber, Hülsenfrüchte, Schwarzwurzeln | Blutbildung, Sauerstoffversorgung im Blut, Bildung von Hämoglobin | Wachstumsstörungen, Muskelschwäche, Blässe, Anämie, Müdigkeit | bei hohem Kaffee- oder Teekonsum; ältere Menschen, Vegetarier, Schwangere und Stillende, Blutspender |
| **Fluor** | Fisch, Innereien, Getreide, schwarzer Tee, Mineralwasser | Stabilität von Knochen und Zähnen, Mundbakterien, Wundheilung, Sehfunktion | Zahnschäden, Karies | Kinder, Jugendliche |
| **Jod** | jodiertes Speisesalz, Meeresprodukte, Algen, Seefisch | Schilddrüsenfunktion, Regulierung von Stoffwechsel und Körpertemperatur | Unterfunktion der Schilddrüse, Kropfbildung, Gewichtsschwankungen | Schwangere und Stillende |
| **Kalium** | Bananen, Pflaumen, Gemüse, Aprikosen, Kartoffeln, Milchprodukte, Fleisch, Fisch, getrocknete Früchte | Regulierung des Wasserhaushalts der Zellen, Verwertung von Kohlenhydraten, Proteinaufbau | Muskelschwäche, gestörte Herztätigkeit, Magenprobleme, Durchfall, Pulsunregelmäßigkeiten | bei Alkoholkonsum, bei Diäten, bei Magen-Darm-Problemen; Diabetiker |

| Name | Hauptvor-kommen | Wirksamkeit | Mangel | Erhöhter Bedarf |
|---|---|---|---|---|
| Kalzium | Milch und Milchprodukte, Grünkohl, Mandeln, härteres Trinkwasser | Stabilität von Knochen und Zähnen, Nerven- und Muskelzellen, Blutgerinnung, Behandlung von Allergien | Osteoporose, Rachitis, Muskelschwäche | Schwangere und Stillende, Kinder, Jugendliche |
| Kupfer | Bohnen, Pilze, Vollkornprodukte, Kartoffeln, Obst, Erbsen | Stoffwechsel, Eisentransport, Immunsystem | (eher selten) Anämie, Schlafstörungen, erhöhte Cholesterinwerte, Schwächegefühl, Appetitlosigkeit, Atembeschwerden | Vegetarier |
| Magnesium | Gemüse, Nüsse, Haferflocken, Getreide, Milch, Bananen, Mineralwasser | Energiebereitstellung, Muskeln und Knochen, Vorbeugung gegen Krämpfe, Unruhe und Stress, Adrenalinfreisetzung, Enzymaktivierung, senkt Cholesterinspiegel | Krämpfe, Reizbarkeit, Unruhe, Konzentrationsstörungen, Herzrhythmusstörungen, Magen-Darm-Probleme | bei Durchfall, Erbrechen, hoher Kalziumeinnahme; Schwangere und Stillende |
| Mangan | Bananen, Nüsse, Vollkornprodukte, schwarzer Tee | Stoffwechselprozesse, Produktion von Sexualhormonen | Störungen im Skelettwachstum und der Fruchtbarkeit | nicht bekannt |
| Molybdän | Blumenkohl, Hülsenfrüchte, Vollkornprodukte, Knoblauch | Kohlenhydrat-, Fett- und Eisenstoffwechsel | geringere Harnsäurekonzentration, übermäßige Aufnahme von Kupfer | nicht bekannt |

| Name | Hauptvor-kommen | Wirksamkeit | Mangel | Erhöhter Bedarf |
|---|---|---|---|---|
| **Natrium** | Schinken, Fleisch, Karotten, Spinat, Hartkäse | Regulierung von Wasserhaushalt und Blutdruck, Aufnahme von Zucker und Aminosäuren | Krämpfe, Kreislaufversagen | bei Erbrechen, Diarrhoe, starkem Schwitzen |
| **Phosphor** | Kartoffeln, Weizen, Brot, Fleisch, Milch | Energiegewinnung- und -verwertung, Erhalt von Knochen und Zähnen | Muskelschwäche, Knochenleiden | Schwangere und Stillende |
| **Selen** | Fisch, Fleisch, Milch, Eier, Nüsse, Leber | Gewebeelastizität, Bestandteil von Knochen- und Zahnmasse und Proteinen, Stoffwechsel, bindet freie Radikale | Herzmuskelschäden, Darmerkrankungen | bei starkem Alkoholkonsum, bei Stoffwechsel-Krankheiten, bei Stress; Frühgeburten, Raucher |
| **Silizium** | Tomaten, Gurken, Petersilie, Grüne Bohnen, Kieselerde | Erhaltung von Knorpeln, Bindegewebe, Knochen, Haaren, Zähnen, Nägeln | vorzeitiges Altern | bei chronischen Krankheiten; ältere Menschen |
| **Zink** | Getreide, Leber, Hülsenfrüchte, Innereien, Meeresfrüchte, Milchprodukte | Stärkung des Immunsystems, Farbensehen, wichtig für Haut und Bindegewebe, Insulinspeicherung | Appetitlosigkeit, Haarausfall, Hautschäden | bei körperlicher Mehrbelastung; Schwangere und Stillende, Vegetarier, Diabetiker, Frauen, Sportler, ältere Menschen |

# Saisonkalender

## OBST*

|  | I | II | III | IV | V | VI | VII | VIII | IX | X | XI | XII |
|---|---|---|---|---|---|---|---|---|---|---|---|---|
| Apfel |  |  |  |  |  |  |  | ■ | ■ | ■ | ■ |  |
| Birne |  |  |  |  |  |  |  | ■ | ■ |  |  |  |
| Brombeere |  |  |  |  |  |  | ■ | ■ |  |  |  |  |
| Feige |  |  |  |  |  |  |  | ■ | ■ |  |  |  |
| Heidelbeere |  |  |  |  |  | ■ | ■ | ■ |  |  |  |  |
| Holunder |  |  |  |  |  |  |  | ■ | ■ |  |  |  |
| Kiwi |  |  |  |  |  |  |  |  | ■ |  | ■ |  |
| Pflaume/Zwetschge |  |  |  |  |  |  | ■ | ■ | ■ |  |  |  |
| Physalis |  |  |  |  |  |  |  | ■ | ■ |  |  |  |
| Quitte |  |  |  |  |  |  |  |  | ■ | ■ |  |  |
| Weintraube |  |  |  |  |  |  |  |  | ■ |  |  |  |

## GEWÜRZE & NÜSSE*

|  | I | II | III | IV | V | VI | VII | VIII | IX | X | XI | XII |
|---|---|---|---|---|---|---|---|---|---|---|---|---|
| Ingwer |  |  |  |  |  |  |  |  |  | ■ |  |  |
| Safran |  |  |  |  |  |  |  |  |  | ■ | ■ |  |
| Walnuss |  |  |  |  |  |  |  |  |  | ■ |  |  |

## GEMÜSE & SALAT*

| | I | II | III | IV | V | VI | VII | VIII | IX | X | XI | XII |
|---|---|---|---|---|---|---|---|---|---|---|---|---|
| Artischocke | | | | | | | | ■ | ■ | | | |
| Champignon | | | | | | | | ■ | ■ | ■ | | |
| Chinakohl | | | | | | | ■ | ■ | ■ | ■ | ■ | |
| Chicoree | | ■ | ■ | ■ | | | | | | ■ | ■ | ■ |
| Edelkastanie | | | | | | | | | ■ | ■ | ■ | |
| Feldsalat | ■ | ■ | ■ | ■ | ■ | | | | | ■ | ■ | ■ |
| Kartoffel | | | | | | ■ | ■ | ■ | ■ | ■ | | |
| Knollensellerie | | | | | | ■ | | ■ | ■ | ■ | ■ | ■ |
| Kohl | | | | | | ■ | ■ | ■ | ■ | ■ | ■ | ■ |
| Kürbis | | | | | | | ■ | ■ | ■ | ■ | ■ | |
| Meerrettich | | | | | | | | ■ | ■ | | ■ | ■ |
| Pastinake | | | | | | | | ■ | ■ | ■ | ■ | ■ |
| Rote Bete | | | | | | | ■ | ■ | ■ | ■ | ■ | ■ |
| Schwarzwurzel | | | | | | | | | ■ | ■ | ■ | ■ |
| Topinambur | | | | | | | | | | ■ | ■ | ■ |
| Zwiebel | | | | | ■ | ■ | ■ | ■ | ■ | ■ | | |

\* Reine Freilandprodukte, keine Lagerware, kein geschützter Anbau (Abdeckung) und kein Gewächshaus

# ANHANG

# Rezeptverzeichnis

# Begriffserklärungen

**Actinidain:** ein eiweißspaltendes Enzym in der Kiwi

**Agaritin:** Inhaltsstoff in Champignons; leicht giftig; steht im Verdacht, krebserregend zu sein; wird jedoch beim Kochen zerstört

**Aldehyde:** chemische Verbindungen mit der funktionellen Gruppe –CHO (Aldehyd- oder auch Formylgruppe genannt)

**Allantoin:** Wirkstoff, z.B. in der Schwarzwurzel, im Blumenkohl oder in grünen Bohnen; beschleunigt den Zellaufbau, die Zellbildung und die Zellregeneration; unterstützt die Wundheilung und besitzt antiseptische Eigenschaften

**Allicin:** ein Umsetzungsprodukt der in Knoblauch vorkommenden Aminosäure Alliin. Allicin verfügt über die Eigenschaft, schädliche Bakterien, Viren, Larven und Pilze (Schimmel) zu bekämpfen.

**Aminosäuren:** meist als Synonym für proteinogene Aminosäuren verwendet, jene Aminosäuren, die Bausteine der Proteine sind

**Amygdalin:** eine chemische Verbindung, die u.a. Blausäure enthält; in Samen von Steinfrüchten (z.B. Pflaumen) oder in Apfelkernen enthalten

**Anthocyane:** sekundäre Pflanzen(inhalts-)stoffe, die in blauen, violetten, roten oder blauschwarzen Gemüsearten und Früchten vorkommen. Sie gehören zu den kraftvollsten Antioxidantien der Natur und schützen unsere Zellen vor Alterung und Entartung.

**antiallergen:** eine Allergie lindernd oder beseitigend

**antibakteriell:** gegen Bakterien gerichtet

**Antibiotikum:** Stoffwechselprodukt, das bereits in geringer Konzentration das Wachstum anderer Mikroorganismen hemmt oder diese abtötet

**antifungizid:** gegen Pilze und deren Sporen wirkend

**antikanzerogen:** wörtlich „gegen Krebs"; krebshemmend

**antimikrobiell:** gegen Mikroorganismen gerichtet

**antimikrobiotisch:** das Aufbrechen der Zellmembranen von Pilzen und Bakterien verursachend, z.B. Ascorbinsäure (Vitamin C)

**antimykotisch:** gegen pathogene Pilze gerichtet

**Antioxidans:** chemische Verbindung von verschiedener Struktur, die die Oxidation von anderen Stoffen mit Sauerstoffverbindungen verhindern oder verringern kann (antioxidative Wirkung), d.h. freie Radikale im menschlichen Körper unschädlich machen kann

**antiseptisch:** keimreduzierend bzw. keimbekämpfend

**antiviral:** gegen ein Virus gerichtet

**aphrodisierend:** die Libido belebend oder steigernd

**Ascorbigen:** eine u.a. in Kohlgemüsen vorkommende Verbindung von Ascorbinsäure und 3-Hydroxymethylindol, welche beim Erhitzen in die beiden Bestandteile zerfällt

**Asparagin:** Aminosäure, die eine wichtige Rolle beim Abbau von Alkohol spielt

**Avocatin B:** ein Fettmolekül, z.B. in der Avocado vorkommend

**Beta-Carotin:** auch Provitamin-A genannt; Vorstufe von Retinol (Vitamin A); in großen Mengen in tiefgelben bis orangen Früchten und Gemüsen enthalten

**Betain** (auch Trimethylgluydin = TMG genannt): eine organisch-chemische Verbindung; eine Aminosäure mit positiver Wirkung auf Herz, Gefäße und Leber

**Betanin:** umgangssprachlich Beetenrot; ein natürlich vorkommender roter Farbstoff

**Bienen-Trachtpflanze:** Pflanzen, die besonders reichhaltig Nektar und Pollen erzeugen und deswegen häufig von Honigbienen angeflogen werden

**Bifidobakterien:** Bakterien, die in der menschlichen Darmflora vorkommen und Milchsäure produzieren; sie bekämpfen schädliche Bakterien und Krankheitserreger im gesamten Verdauungssystem sowie in der Vagina.

**Bioflavonoide:** sekundäre Pflanzeninhaltsstoffe (Wachstumsregulatoren oder Farbstoffe); → siehe Flavonoide

**Biotin:** auch Vitamin B7 oder Vitamin H genannt, ein wasserlösliches Vitamin; fördert u.a. das Haarwachstum und wirkt positiv auf die Haut; beeinflusst auch zahlreiche Stoffwechselprozesse

**Borneol:** chemische Alkoholverbindung; Bestandteil in ätherischen Ölen vieler Kräuter, z.B. Salbei und Rosmarin

**Bromelain:** pflanzlicher Wirkstoff (zwei Enzyme), der Schwellungen und Entzündungen lindert und die Verdauung anregt

**Capitulare de villis** vel curtis imperii: Landgüterverordnung, die Karl der Große als Vorschrift über die Verwaltung der Krongüter erließ; dient als berühmte Quelle für die Wirtschafts-, Agrar- und Gartenbaugeschichte

**Capsaicin:** Inhaltsstoff aus den Früchten von *Capsicum*-Arten (Paprika) mit lokal wärmender, durchblutungsfördernder und schmerzlindernder Wirkung

**Carotin:** Naturfarbstoff, zu den Carotinoiden gehörend

**Carotinoide:** natürlich vorkommende fettlösliche Pigmente in gelben, roten oder purpurfarbenen Pflanzen; gehören zu den sekundären Pflanzenstoffen

**Catechine:** sekundäre Pflanzenstoffe mit hohem antioxidativen Potenzial

**Chitin:** ein sehr wichtiges Polysaccharid (Mehrfachzucker), das der Strukturbildung dient; bekannt bei Pilzen, Gliedertieren und Weichtieren

**Chlorophyll:** auch Blattgrün genannt; natürlicher Farbstoff, der von Organismen gebildet wird, die Photosynthese betreiben; insbesondere Pflanzen erlangen dadurch ihre Farbe

**Cholin:** Mikronährstoff, der im Stoffwechsel des Menschen zu Acetylcholin (einen wichtigen Neurotransmitter, also einen Überträger von Nervensignalen) umgewandelt wird

**Cineol:** pflanzlicher Wirkstoff, zu den ätherischen Ölen gehörend

**Codex Hammurapi:** Sammlung von Rechtssprüchen aus dem 18. Jahrhundert v. Chr. aus dem antiken Mesopotamien; geht auf Hammurapi (König der 1. Dynastie von Babylon) zurück

**Cumarin:** sekundärer Pflanzen(inhalts)stoff; fungiert als Duft- und Aromastoff

**Curcumin:** Pflanzenfarbstoff in Kurkuma; Verwendung als Lebensmittelzusatzstoff E 100 zur Färbung von Nahrungsmitteln oder als Gewürz und Aromastoff; wirkt entzündungshemmend, antioxidativ, krebshemmend, schmerzlindernd und blutfettsenkend

**Cynarin:** Bitterstoff in Artischocken; regt den Stoffwechsel von Leber und Galle an

**Ellagsäure:** Polyphenol mit krebsvorbeugender Wirkung, in Himbeeren, Erdbeeren und Granatäpfeln enthalten

**Endorphine:** vom Körper selbst produzierte Morphine, die schmerzlindernd bzw. schmerzunterdrückend wirken. Das Endorphinsystem wird zum einen in Notfallsituationen und andererseits auch bei positiven Erlebnissen aktiviert (Glückshormone).

**Enzym:** biochemischer Katalysator, der hilft, ein Substrat zu spalten oder eine chemische Reaktion zu beschleunigen; früher Ferment genannt

**Ethylen:** Pflanzenhormon; ein schwach süßlich riechender, gasförmiger Kohlenwasserstoff, der von vielen Obst- und Gemüsesorten während des Reifeprozesses ausgeschieden wird

**Eugenol:** chemische Verbindung mit keimtötender und stark desinfizierender Wirkung; im ätherischen Öl von Gewürznelken enthalten

**Ficain:** eiweißspaltendes Enzym in der Feige

**Flatulenz:** Blähung

**Flavonoide:** Gruppe sekundärer Pflanzenstoffe, zu denen ein Großteil der Blütenfarbstoffe gehört

**Folat:** natürliche Folsäure; wasserlösliches Vitamin

**Folsäure:** auch Vitamin B9 oder Folat; hitze- und lichtempfindliches Vitamin aus dem B-Komplex

**freie Radikale:** Teile von Molekülen; kurzlebige, aggressive Sauerstoff-Verbindungen. Freie, also ungebundene Radikale versetzen biologisches Gewebe in oxidativen Stress und können es zerstören.

**Fruktane:** Kohlenhydrat, aus Oligo- und Polysacchariden bestehend; als Süßstoff für Diabetiker geeignet

**fungizide Wirkung:** Wirkung durch chemischen oder biologischen Stoff, der Pilze oder ihre Sporen abtötet oder ihr Wachstum für die Zeit seiner Wirksamkeit verhindert

**Gallussäure:** chemische, aromatische Verbindung; Baustein in Gerbstoffen

**Gerbstoffe:** organische Stoffe, die Eiweiße miteinander vernetzen; pflanzliche, natürliche Gerbstoffe → Tannine

**Gingerol:** Inhaltsstoff der Ingwerwurzel, für den scharfen Geschmack verantwortlich

**Glucokinin:** Wirkstoff in Bärlauch, Knoblauch und Zwiebeln; senkt den Blutzuckergehalt

**Glucose:** Einfachzucker (Kohlenhydrat), der die Körperzellen über den Blutkreislauf mit Energie versorgt

**Glucosinolate:** auch Senfölglucoside (Senföle) genannt; chemische Verbindungen aus Schwefel und Stickstoff, die aus Aminosäuren gebildet werden; krebshemmende und antibakterielle Wirkung

**Glutamin:** Aminosäure, die vom Körper selbst gebildet werden kann; für elastische und feste Haut verantwortlich

**HDL(High Density Lipoprotein)-Cholesterin:** das sogenannte „gute" Cholesterin; schützt vor den schädlichen Auswirkungen des „schlechten" LDL-Cholesterins auf die Blutgefäße und ist dadurch ein wichtiger Schutzfaktor vor Herz-Kreislauf-Erkrankungen

**Helicobacter pylori:** Bakterium im Magen des Menschen, das für zahlreiche Infektionen verantwortlich ist

**Hemicellulose:** Gemisch von Polysacchariden (Vielfachzuckern) in unterschiedlicher Zusammensetzung; Bestandteil pflanzlicher Zellwände

**Hesperidin:** pflanzlicher Wirkstoff aus der Gruppe der Flavonoide mit venenstärkenden und gefäßschützenden Eigenschaften

**Homocystein:** im Körper natürlich vorkommende Aminosäure, die eine wichtige Rolle bei der Neubildung von Proteinen (Eiweiß) spielt

**Indol-3-Carbinol:** Wirkstoff in Kohlgemüsen; am Entgiftungsprozess des menschlichen Körpers beteiligt

**inflammatorischer Stress:** leichtgradige und meist unbemerkt ablaufende (schleichende) Entzündungsreaktion im Körper

**Inulin:** Ballaststoff, der die Aufnahme von Kalzium und Magnesium erhöhen kann und dafür sorgt, dass der Körper diese Mineralstoffe besser speichern kann

**Kaempferol:** natürliches Flavonoid und Phytoöstrogen, das z.B. in Grapefruits und verschiedenen Kohlsorten vorkommt

**klimakterisch:** nach der Ernte nachreifend

**Lactucopikrin:** (veraltet Intybin); ein Bitterstoff, der beispielsweise in Chicorée enthalten ist

**Laurinsäure:** Fettsäure, z.B. in der Kokosnuss, die als natürliches Antibiotikum wirkt

**LDL(Low Density Lipoprotein)-Cholesterin:** das sogenannte „schlechte" Cholesterin; an der Entstehung von Arteriosklerose sowie der Verkalkung der Blutgefäße beteiligt

**Limbisches System:** Funktionseinheit des Gehirns, die der Verarbeitung von
Emotionen und der Entstehung von Triebverhalten dient; ihm werden auch
intellektuelle Leistungen zugesprochen

**Linolsäure:** ungesättigte Fettsäure, die zu den Omega-6-Fettsäuren gehört

**Lipide:** Sammelbezeichnung für Fette und fettähnliche Substanzen

**Lutein:** orangegelbes Carotinoid pflanzlicher Herkunft

**Luteonin:** Pflanzenfarbstoff, z.B. in Artischockenblättern und Orangen, der antioxidativ wirkt

**Lycopin:** Carotinoid-Farbstoff, der in Tomaten und anderen roten Früchten wie
Wassermelonen und Papayas vorkommt


**Mangiferin:** Inhaltsstoff in den Blättern und in der Rinde des Mangobaums; wirkt
antimikrobiell, entzündungshemmend, antikanzerogen und antiallergisch

**Melatonin:** Hormon, das aus Serotonin produziert wird und den Tag-Nacht-
Rhythmus steuert

**Metabolisches Syndrom:** Sammelbezeichnung für verschiedene Krankheiten und
Risikofaktoren für Herz-Kreislauf-Erkrankungen, hervorgerufen durch die Veränderung der Gewohnheiten

**MHCP:** in Zimt enthaltener Wirkstoff, der ähnlich wie Insulin wirkt; er verstärkt
die Aufnahme von Glucose in den Zellen und kann so die Blutzuckerregulation verbessern

**Mitochondrien:** Zellorganellen, die für die Energiegewinnung verantwortlich
sind; sie produzieren aus den Elektronen in unseren Nahrungsmolekülen und
aus den Sauerstoffatomen der Atmung Energie

**Monoterpene:** Gruppe von chemischen Verbindungen (sekundäre Pflanzenstoffe), die zu den Terpenen zählen; Hauptbestandteil von ätherischen Ölen,
z.B. Eucalyptusöl oder Pfefferminzöl

**Myristicin:** Bestandteil im ätherischen Öl der Muskatnuss mit psychotropen
Eigenschaften


**Neurotransmitter:** Botenstoffe, die an chemischen Synapsen die Erregung von
einer Nervenzelle auf andere Zellen übertragen

**Niacin:** auch Nicotinsäure genannt; ein Vitamin aus dem B-Komplex (veralteter
Begriff: B3)

**Nitrat:** Stickstoffverbindung, die von Natur aus im Boden vorkommt, aber auch
Bestandteil von Düngemitteln ist; im Körper wird bei der Verdauung durch
Bakterien oder enzymatische Umwandlung aus Nitrat Nitrit gebildet; Nitrit
wandelt den roten Blutfarbstoff Hämoglobin in Methämoglobin um, welches
keinen Sauerstoff binden kann – es kommt zu Sauerstoffmangel in den Ge-
weben

**Nitrit** → Nitrat

**Nitrosamine:** krebserregende Substanzen (chem. Verbindungen), die aus Nitriten
und Aminen entstehen

**Omega-3-Fettsäuren:** Vertreter der mehrfach ungesättigten Fettsäuren; nehmen unter den Fettsäuren eine Sonderstellung ein, sind essenziell, d.h. sie können vom Körper nicht selbst produziert werden und müssen über die Nahrung aufgenommen werden

**Omega-6-Fettsäuren:** Vertreter der mehrfach ungesättigten Fettsäuren; nehmen unter den Fettsäuren eine Sonderstellung ein, sind essenziell, d.h. sie können vom Körper nicht selbst produziert werden und müssen über die Nahrung aufgenommen werden

**Omega-9-Fettsäuren:** allgemein Ölsäure genannt; können von unserem Körper selbst hergestellt werden, müssen nicht mit der Nahrung zugeführt werden, kommen aber auch vor allem in Olivenöl und anderen gebräuchlichen Speiseölen vor

**Oxalsäure:** Kaliumsalz, das z.B. in Rhabarber, Spinat und Roter Bete vorkommt; in höherer Konzentration gesundheitsschädlich

**Oxidantien:** Stoffe, die andere Stoffe oxidieren können und dabei selbst reduziert werden

**oxidativer Stress:** Stoffwechsellage, die durch eine hohe Konzentration an reaktiven Sauerstoffspezies gekennzeichnet ist, d.h. der Körper kann die schädlichen freien Radikale nicht mehr ausreichend abfangen, das Gleichgewicht zwischen oxidativen und reduktiven Reaktionen verschiebt sich zugunsten der oxidativen Prozesse

**Palmitinsäure:** gesättigte Fettsäure, die sowohl in pflanzlichen als auch in tierischen Organismen hauptsächlich in Triglyzeriden vorkommt; sie dient neben anderen Fettsäuren als Hauptenergiespeicher

**Pantothensäure:** auch Vitamin B5 genannt; ein wasserlösliches Vitamin aus der Reihe der B-Vitamine; für den Stressabbau und den Stoffwechsel unverzichtbar

**Papain:** Enzym, das natürlich in relativ hoher Konzentration in der noch grünlichen Schale und den Kernen der Papaya vorkommt und eine eiweißspaltende Wirkung besitzt

**pathogen:** krankheitserregend

**Pektine:** pflanzliche Polysaccharide, die für den Menschen als Ballaststoffe fungieren

**Phenole:** sekundäre Pflanzeninhaltsstoffe mit antiseptischer und entzündungshemmender Wirkung, z.B. in Tomaten

**Phytoöstrogene:** Pflanzenstoffe, zu denen u.a. Isoflavone gehören; strukturelle Ähnlichkeit zu Östrogenen (durch die eine östrogene oder auch antiöstrogene Wirkung erzielt werden kann)

**Polyphenole:** sekundäre Pflanzenstoffe, die Farbe und Geschmack pflanzlicher Lebensmittel beeinflussen; stark antioxidative Wirkung

**Präbiotika:** Stoffe in unserer Nahrung, die den „guten" Darmbakterien Nahrung liefern und somit für eine gesunde und ausgeglichene Darmflora sorgen

**psychotrop:** einflussnehmend auf die Psyche

**Pycnogenol:** Pflanzenextrakt (Flavonoid), das antioxidativ wirkt

**Pyridoxin:** auch Vitamin B6; ist ein Vitamin aus der B-Gruppe, das als Cofaktor zahlreicher Enzyme wirksam ist und unter anderem im Aminosäurestoffwechsel eine zentrale Rolle spielt; es ist an der Neurotransmitter-Synthese, Entgiftung und Verdauung beteiligt

**Quercetin:** gelber, in zahlreichen Früchten und Kräutern vorkommender Naturfarbstoff; wirkt physiologisch als Radikalfänger

**Resveratrol:** sekundärer Pflanzeninhaltsstoff, z.B. in den Schalen der Weintrauben, in Schokolade, Erdnüssen und manchen Beeren; beugt Diabetes vor, kurbelt den Stoffwechsel an und schützt vor manchen Krebserkrankungen

**Riboflavin:** auch Lactoflavin oder Vitamin B2 genannt; ist ein Vitamin aus dem B-Komplex; es nimmt im Stoffwechsel eine zentrale Rolle ein

**Rutin:** Flavonoid, das von vielen Pflanzen als Farbstoff zum Schutz gegen UV-Strahlung gebildet wird

**Safranal:** Hauptaromastoff von Safran

**Sambucyanin:** Flavonoid (sekundärer Pflanzenstoff) in der Schale von Holunderbeeren; antientzündliche Wirkung; kann freie Radikale binden

**Sambunigrin:** blausäurehaltiges Gift, das in den Blättern, den unreifen Beeren sowie den Samen der reifen Beeren des Holunders vorkommt

**sekundäre Pflanzeninhaltsstoffe (auch sekundäre Pflanzenstoffe):** bestimmte chemische Verbindungen, die von Pflanzen in speziellen Zelltypen hergestellt werden und für die Pflanze nicht lebensnotwendig sind; Naturstoffe, die einen hohen Stellenwert für den Menschen haben

**Senfölglucoside** → Glucosinolate

**Serotonin:** Hormon in der Gehirnregion; steuert beim Menschen den Gemütszustand, Schlafrhythmus, Sexualtrieb und die Körpertemperatur

**silent inflammation** → inflammatorischer Stress

**Sinigrin:** Senföl, das unter anderem im Meerrettich enthalten ist

**Sulforaphan:** sekundärer Pflanzenstoff und hochwirksames Antioxidans, z.B. im Pak Choi

**Tannine:** pflanzliche Gerbstoffe

**Thiamin:** auch Vitamin B1 oder Aneurin genannt; ist ein wasserlösliches Vitamin aus dem B-Komplex und übernimmt Coenzym-Funktionen

**toxisch:** giftig, durch Gifte bedingt

**Transfette (trans-Fettsäuren):** ungesättigte Fettsäuren; besonders bei industriell produzierter Nahrung zu finden; erhöhen den Gehalt von LDL-Cholesterin im Blut und sind Mitverursacher von koronaren Herzkrankheiten

**Triglyceride:** gehören zu den Blutfetten; erhöhte Werte stellen einen Risikofaktor für Herz-Kreislauf-Erkrankungen dar

**Tryptophan:** Aminosäure, die Bestandteil von Proteinen und Peptiden ist; kann vom menschlichen Körper nicht hergestellt werden, sondern muss über die Nahrung zugeführt werden; wirkt stimmungsaufhellend

**Tyrosinase:** Enzym, das an der Bildung von Melanin (für die Hautpigmentierung) beteiligt ist

**Urushiol:** ölartige, chemische Verbindung in bestimmten Pflanzen mit allergener Wirkung

**Vanillin:** Aromastoff mit charakteristischem Duft und Geschmack in den Früchten der Vanille

**Zeaxanthin:** natürlicher, orangegelber Farbstoff pflanzlicher Herkunft, der beim Menschen im Gelben Fleck der Netzhaut angereichert wird und die Sehzellen vor kurzwelligem Licht und freien Radikalen schützt

# Literaturverweise

http://fruitfacts-sastha.blogspot.co.at
http://gesuender-abnehmen.com
http://igentry.blogspot.co.at
http://latin-mag.com
http://lexikon.huettenhilfe.de
http://symptomat.de
https://ab-heute-gesund.com
https://de.statista.com
https://de.wikipedia.org
https://eatsmarter.de
https://ernaehrung-geniessen-blog.jimdo.com
https://gesund.co.at
https://jessicalevinson.com
https://krank.de
https://kurier.at
https://meinheimvorteil.at
www.55plus-magazin.net
www.abendblatt.de
www.apotheker.or.at
www.banglanews24.com
www.blu-blumen.de
www.br.de
www.chefkoch.de
www.citrusricus.com
www.diabetesade.com
www.eatmovefeel.de
www.egarden.de
www.essen-und-trinken.de
www.experto.de
www.fid-gesundheitswissen.de
www.foodbeast.com
www.foodnetwork.ca
www.foodreference.com
www.forum-ernaehrung.at
www.foxnews.com
www.fruchtkorb.info
www.fruitlife.de
www.gartenjournal.net
www.gemuesekorb.info
www.gesundheit.de
www.gesundheit.gv.at
www.gewuerze-blog-naturideen.de
www.goccus.com
www.gutekueche.at

www.hansenobst.de
www.haus.de
www.healthdiaries.com
www.heilkraeuter.de
www.heilpflanzen-welt.de
www.heilpraxisnet.de
www.heimwerker.de
www.hortipendium.de
www.ichkoche.at
www.karensgardentips.com
www.kokos-nuss.de
www.kotanyi.com
www.kraeuter-verzeichnis.de
www.kulinarisches-erbe.at
www.lebensmittellexikon.de
www.lecker.de
www.lifeline.de
www.lk-konsument.at
www.lokalkompass.de
www.medizinpopulaer.at
www.mein-schoener-garten.de
www.muskatnuss.org
www.nachrichten.at
www.natur-lexikon.com
www.nebelung.de
www.obst-gemuese.at
www.online.uni-marburg.de
www.paradisi.de
www.pflanzenkunde.net
www.proplanta.de
www.rollende-gemuesekiste.de
www.sofabfood.com
www.sueddeutsche.de
www.suedkurier.de
www.superillu.de
www.thefactsite.com
www.tippsundtricks24.de
www.t-online.de
www.true-fruits.com
www.vitamine.com
www.welt.de
www.worldsoffood.de
www.zeit.de
www1.biologie.uni-hamburg.de

# Stichwortverzeichnis

# Das Herstellungsteam

### Dr. Sigrid Neulinger
*Konzept & Textauswahl*
Studium der Biologie, viele Jahre als freie Illustratorin tätig. Nach einigen Jahren in der medizinischen Forschung seit nunmehr über 20 Jahren bei facultas/maudrich, Programm-leitung Medizin & Naturwissenschaften. Seit 2010 Aufbau des Programmsektors „maudrich tut gut" (medizinische Ratgeber und Sachbücher rund um die Gesundheit). Zu ihrer künstlerischen Ader gesellt sich seit langem auch eine kulinarische.

### Mag. Magdalena Stöllnberger
*Recherche & Textauswahl*
studierte Publizistik-und Kommunikationswissenschaft an der Universität Wien. Seit Anfang Juli 2017 Praktikantin bei facultas. Zu Ihren Hobbys zählen Musik (Chorgesang, Gitarre, Querflöte), Reisen, Kriminalromane und „Essen".

### Mag. Katharina Stadler, BSc
*Recherche, Textauswahl & Lektorat*
Studium der Deutschen Philologie und der Betriebswirtschaft. Seit 2014 selbstständige Lektorin vor allem in den Bereichen Gesundheit, Pflege und Kochbuch. Das Wissen über Naturheilkunde und Alternativmedizin, das sie sich durch das Lektorat und aus privatem Interesse aneignet, nutzt sie auch für sich persönlich. Zu ihren Hobbys gehören neben Kochen, Backen und Gärtnern auch Reisen, Literatur und Theater.

### Christian Moisl
*Umschlagentwurf & Grundlayout*
Lebt, läuft, liebt und arbeitet als Grafiker und Illustrator in Wien und im Burgenland. Schaut gern ins Narrenkastl und lernt hoffentlich noch einiges dazu ☺ www.moisl.at

### Hannes Strobl
*Typografie und Satz*
Seit 25 Jahren selbstständiger Grafik-Designer und Buchhersteller, tätig in Neunkirchen (NÖ). Er hat vor 30 Jahren auf Vollwertkost umgestellt, achtet auf seine Ernährung, erntet sein Gemüse im eigenen Garten und bäckt sein Brot selbst mit Sauerteig. Seine Hobbys: Klettern, Tanzen sowie das Verwöhnen seiner Frauen ☺ (Ehefrau, 2 Töchter, 1 Enkelin, 2 Hündinnen und 2 Katzen).

# Der Autor

**Dr. med. Markus Metka**
Oberarzt an der Abteilung für Endokrinologie und Sterilitätsbehandlung an der Medizinischen Universität Wien sowie Präsident der Österreichischen Anti-Aging-Gesellschaft und Präsident der Österreichischen Meno- und Andropause-Gesellschaft. Er gilt als einer der führenden Pioniere auf dem Gebiet der Anti-Aging Medizin sowie der Hormonforschung und verfasste mehr als 300 wissenschaftliche Publikationen sowie zahlreiche populärmedizinische Bücher.

*Bereits erschienen:*

**Obst, Gemüse und Co.**
**WISSEN häppchenweise**
Frühling & Sommer

maudrich 2018, 256 Seiten, Hardcover
EUR (A) 27,80 / EUR (D) 27,–
ISBN 978-3-99002-057-9

Markus Metka, Susanne Altmann
**Long Life Kitchen**
Die Formel für ein langes Leben

maudrich 2017, 224 Seiten, Hardcover
EUR (A) 24,60 / EUR (D) 23,90
ISBN 978-3-99002-032-6

Bildverweise:
Cover, S. 2, 3, 36–39: © Elena_Is – istockphoto.com; S. 4–5, 6–7, 8–9, 10, 12–14, 16–17, 20, 21, 22–25, 26–27, 29, 31, 32–35, 40–43, 54–56, 58–59, 66–68, 70–71, 76–78, 80–85, 86–91, 96–99, 100–103, 104–107, 108–111, 112–114, 120–122, 124–125, 126–129, 130–132, 144–149, 150–151, 153–155, 174–176, 188–191, 193, 210–211, 215, 216–219, 221, 222–224, 226, 230, 233, 234–236, 239, 244–245, 248–249: © NataliaHubbert – istockphoto.com; S. 11, 44–45, 47–49, 72–74, 156–158, 178–180, 182–184, 187, 204–206, 208–209, 244: © lnsdes – istockphoto.com; S. 18–20, 243: © Olga_Bonitas – istockphoto.com; S. 50–52: © GeorgyVolmiller – istock-photo.com; S. 60–61, 63–65: © Juanmonino – istockphoto.com; S. 92–95: © newannyart – istockphoto.com; S. 116–119: © Pimonova – istockphoto.com; S. 134–136: © tukkata – istockphoto.com; S. 138–140, 143, 168–170, 173: © lukaves – istockphoto.com; S. 160–162: © dvoriankin – istockphoto.com; S. 164–166: © ConceptCafe – istockphoto.com; S. 166: © Yuliya Derbisheva – istockphoto.com; S. 194–196, 199, 259: © viktor kashin – istockphoto.com; S. 200–202: © IngaNielsen – istockphoto.com; S. 212, 227, 228–229, 258: © Vikeriya – istockphoto.com; S. 240–241: © sputnikos – istockphoto.com;

*Der Verlag weist ausdrücklich darauf hin, dass im Text enthaltene externe Links vom Verlag nur bis zum Zeitpunkt der Buchveröffentlichung eingesehen werden konnten. Auf spätere Veränderungen hat der Verlag keinerlei Einfluss. Eine Haftung des Verlags ist daher ausge-schlossen.*

Bibliografische Information der Deutschen Nationalbibliothek
Die Deutsche Nationalbibliothek verzeichnet diese Publikation in der Deutschen Nationalbibliografie; detaillierte bibliografische Daten sind im Internet über http://dnb.d-nb.de abrufbar.

Konzept und Textauswahl: Sigrid Neulinger
Recherche, Textauswahl: Magdalena Stöllnberger, Katharina Stadler
Lektorat: Katharina Stadler
Umschlagentwurf & Grundlayout: Christian Moisl
Typografie und Satz: Hannes Strobl
Druck: Finidr, Tschechien
ISBN 978-3-99002-058-6